Mag. Claudia Lichtenwagner

SOURIRE 2

Französisch Übungsbuch
Teil 2

G&G

www.ggverlag.at

ISBN 978-3-7074-1311-3

In der aktuell gültigen Rechtschreibung

15. Auflage 2018

Printed by Litotipografia Alcione, Lavis-Trento, über Agentur Dalvit, D-85521 Ottobrunn

VORWORT

Liebe Schülerin! Lieber Schüler!

Mit Riesenschritten geht es in das zweite Lernjahr.
Wichtig ist es, die grammatischen Strukturen von „SOURIRE I“ ständig zu wiederholen, denn auf ihnen baut der zweite Band „SOURIRE II“ auf.
Da Übung den Meister macht, sollen dir die zahlreichen Übungsbeispiele dabei helfen. Nicht geläufige Wörter kannst du im Vokabelteil nachschlagen. Mit dem Lösungsteil überprüfst du schließlich die Richtigkeit deiner Arbeit.

Weiterhin alles Gute und recht viel Freude und Erfolg!

Prof. Mag. Claudia Lichtenwagner

TABLE DES MATIÈRES

page

Les verbes *dormir, finir, partir, sortir* 1
Révision: le passé composé avec *avoir* ou *être*.......... 3
Les pronoms toniques *(Die betonten Personalpronomen)* 6
Les verbes *croire, perdre, nettoyer, pleuvoir* 13
L'article partitif *(Der Teilungsartikel)* 15
falloir.......... 24
avoir besoin de 26
La recette 29
comment ou *comme* 35
Le conditionnel présent de politesse *(Konditional der Höflichkeit)* 37
Révision: les verbes *devoir, pouvoir, vouloir* 38
L'adjectif *(Adjektiv)*.......... 39
La place de l'adjectif *(Stellung des Adjektivs)* 48
L'ordre des mots avec le passé composé *(Wortstellung im Perfekt)*.......... 55
Les verbes *choisir, ouvrir, connaître, plaire* 59
Les conjonctions *(Die Bindewörter)*.......... 61
pendant ou *pendant que*, *depuis* ou *depuis que* 65
grave, lourd, difficile, gravement, grièvement 66
L'adjectif démonstratif *ce, cet, cette, ces*.......... 68
Les verbes pronominaux *(Die rückbezüglichen Verben)*.......... 71
Les verbes pronominaux au passé composé 74
Le pluriel des noms *(Der Plural der Hauptwörter)*.......... 75
Le pronom objet indirect *(Das indirekte Objektspronomen)* 78
L'interrogation par inversion *(Die Inversionsfrage)* 82
quel, quelle, quels, quelles 85
Le futur composé *(Die nahe Zukunft)*.......... 87
Le passé récent *(Die nahe Vergangenheit)* 87
Le présent duratif 88
Le pronom relatif *qui (Das Relativpronomen qui)* 90
Les métiers (Die Berufe) 91
Vocabulaire 92
Clé *(Schlüssel zu den Übungen)* 97

DORMIR / FINIR / PARTIR / SORTIR

dormir *(schlafen)*

je	dor**s**
tu	dor**s**
il/elle/on	dor**t**
nous	dor**mons**
vous	dor**mez**
ils/elles	dor**ment**

Dors!
Dormons!
Dormez!

Participe passé: **dormi**

finir *(beenden)*

je	fini**s**
tu	fini**s**
il/elle/on	fini**t**
nous	fini**ssons**
vous	fini**ssez**
ils/elles	fini**ssent**

Finis!
Finissons!
Finissez!

Participe passé: **fini**

De même: *(ebenso:)*
choisir *(auswählen)*
réfléchir *(überlegen)*

partir *(weggehen)*

je	par**s**
tu	par**s**
il/elle/on	par**t**
nous	par**tons**
vous	par**tez**
ils/elles	par**tent**

Pars!
Partons!
Partez!

Participe passé: **parti**

De même: *(ebenso:)*
repartir *(wieder weggehen, abreisen)*

sortir *(ausgehen mit jem.)*

je	sor**s**
tu	sor**s**
il/elle/on	sor**t**
nous	sor**tons**
vous	sor**tez**
ils/elles	sor**tent**

Sors!
Sortons!
Sortez!

Participe passé: **sorti**

METS LES VERBES À LEUR FORME CORRECTE

1. Tu as .... (finir) ton sandwich, Pierre?
2. Mes amis sont .... (partir) tard.
3. Tout est bien qui .... (finir) bien.
4. Elle est vraiment .... (sortir) avec Bertrand?
5. J'ai bien .... (dormir).
6. Est-ce que tu .... (finir) ton travail?
7. Vous .... (sortir) avec nous?
8. Grand-père .... (partir) demain.
9. .... (dormir) bien!
10. Elle aime seulement les films qui .... (finir) bien.
11. Monsieur Brel .... (sortir) avec son chien chaque jour.
12. Allez, vite! Nous .... (partir) maintenant!
13. .... (finir) votre pipe, Monsieur!
14. Vous .... (dormir) dans la salle de séjour et nous, nous .... (dormir) dans la chambre à coucher.
15. Quand est-ce que vous êtes .... (partir)?
16. Nous .... (sortir) à huit heures hier soir.
17. La petite Nicole ne .... (finir) jamais son assiette.
18. Le train .... (partir) pour Paris à neuf heures du matin.
19. Les filles .... (sortir) avec leurs amis après le dîner.
20. .... (finir) ton verre!
21. Les enfants .... (dormir) déjà.
22. Ils .... (partir) très tôt le matin.
23. Elle ne veut pas .... (finir) son école.
24. Madame Cardin est déjà .... (repartir).
25. Vous avez déjà .... (finir) votre enquête?
26. .... (partir), c'est mourir un peu.
27. Elle .... (dormir) dix heures par jour.
28. Qu'est-ce qu'on fait ce soir? – On pourrait .... (sortir) un peu.
29. Il dit que c'est .... (finir) entre nous.
30. Soyez calme! Papa .... (dormir) encore!
31. .... (sortir) demain soir!
32. Il a déjà .... (finir) son livre?
33. Elle n'est pas encore .... (partir).
34. Le petit Pilou a .... (dormir) jusqu'à midi.
35. L'histoire est .... (finir).
36. Quand est-ce que tu .... (partir)?
37. Est-ce que tu as .... (finir) ton dessin?
38. Elle n'a pas .... (dormir) pendant la nuit.
39. Je dois .... (partir) maintenant.
40. Les élèves .... (finir) leurs exercices.

METS LES PRONOMS PERSONNELS ET *AVOIR* OU *ÊTRE*

Voir d'abord ☺ **I** pages 86/87.

1. .... venu à huit heures du soir.
2. .... déjà lu ce livre, Pierre?
3. .... allés au cinéma ensemble.
4. .... déjà fait vos devoirs, les enfants?
5. .... arrivé en retard.
6. .... venue d'Allemagne cet après-midi.
7. .... joué aux cartes.
8. .... allées chez leurs grands-parents.
9. .... allé à la plage.
10. .... venus nous voir hier soir.
11. .... pris leur goûter.
12. .... parlé des vacances.
13. .... venues avec leurs amis.
14. .... rentrée trop tard.
15. .... arrivés à la gare.
16. .... cherché ses clés partout.
17. .... vendu sa maison?
18. .... parlé trop vite.
19. .... tombée par terre.
20. .... parties pour Paris.
21. .... sortis ensemble.
22. .... restée à la maison.
23. .... devenue toute rouge.
24. .... rentrés après minuit.
25. .... montée dans sa chambre.
26. Pourquoi est-ce qu' .... parties?
27. .... entrées dans le parc.
28. .... née le 20 septembre.
29. .... tombé sur le fauteuil.
30. .... restée jeune.
31. .... morte le 10 décembre.
32. .... fini ton devoir de français?
33. .... descendue de la montagne seule.
34. .... rentrée chez elle.
35. .... restées au lit.
36. .... devenu vieux.
37. .... retournées dans leur appartement.
38. .... beaucoup marché.

METS AU PASSÉ COMPOSÉ

Voir d'abord ☺ **I** pages 86/87

1. Nicole .... (visiter) Londres pendant les vacances d'été.
2. Pierre .... (avoir) une surprise pour son amie.
3. À Paris nous .... (monter) sur la tour Eiffel.
4. Fabienne .... (descendre) dans la rue.
5. Est-ce que vous .... (apprendre) quelque chose de nouveau?
6. Pilou .... (ne rien comprendre).
7. Maman .... (aller) à la boulangerie.
8. On .... (venir) trop tard.
9. Tu .... (faire) un gâteau délicieux, papa.
10. Vous .... (arriver) à pied?
11. Nous .... (être) au cinéma jusqu'à minuit.
12. Mes amis et moi .... (aller) à un concert de Moustaki.
13. Elle .... (apprendre) à parler français.
14. Vous .... (voir) l'amie de Fernand?
15. Ma petite sœur .... (naître) le 18 avril.
16. Madame Leplain .... (vendre) sa voiture.
17. Nous .... (devoir) faire beaucoup de travaux.
18. Il .... (boire) deux verres de vin rouge.
19. Elle nous .... (offrir) des bonbons.
20. Elle .... (rester) chez sa grand-mère pendant les vacances.
21. Elles .... (poser) beaucoup de questions.
22. Tu .... (faire) ton lit, Pierre?
23. Il .... (dire) bonjour au monsieur.
24. Nicole .... (vouloir) aller en France en été.
25. Elle nous .... (écrire) une carte de ses vacances.
26. Barbara .... (mettre) le couvert toute seule.
27. Nous .... (prendre) des crêpes à la confiture.
28. Il .... (comprendre)?
29. Les Ledoux .... (ne pas pouvoir) venir le soir.
30. Elles .... (venir) trop tard.
31. Nous .... (nager) dans la mer.
32. Fabienne .... (sortir) avec Marcel la semaine dernière.
33. Pilou .... (courir) à la maison.
34. Catherine .... (tomber) par terre.
35. Mes amies .... (partir) pour l'Amérique.
36. Ma grand-mère .... (mourir) il y a trois ans.
37. Les garçons .... (grimper) aux arbres.
38. Les feuilles .... (voler) au vent.

39. Les enfants .... (sauter) dans l'eau.
40. Tu .... (finir) ton verre?
41. Elle .... (manger) deux pommes.
42. J' .... bien .... (dormir).
43. Il .... (devoir) refaire son exercice.
44. Ils .... (finir) leurs querelles.
45. Je .... (aller) une semaine à Nantes avec mon amie.
46. J' .... (travailler) dans une usine en juillet.
47. Jacqueline .... (rester) avec sa tante et son oncle.
48. Pierre .... (faire) beaucoup de sport pendant les vacances.
49. Est-ce que tu .... déjà .... (monter) à la tour Eiffel, Marie?
50. François .... tout de suite .... (comprendre).
51. Nous .... (attendre) à la gare, mais elle ....
(ne pas venir).
52. Elle .... (être) malade et .... (rester) au lit.
53. Nous .... (passer) nos vacances à la mer.
54. Quand est-ce qu'elles .... (venir)?
55. Elle .... (pleurer) parce que son assiette
.... (tomber) par terre.
56. Tu .... (entendre) ce qu'elle .... (dire)?
57. Qu'est-ce que vous .... (faire) hier?
58. Quand est-ce que tu .... (naître), Fabienne?
59. Où est Sophie? – Elle .... (ne pas encore rentrer).
60. J'..................... beaucoup trop .... (manger).
61. Les Dupuis .... (aller) en France en avion.
62. Qu'est-ce qu'elle .... (devenir)? – Infirmière.
63. Qu'est-ce que vous .... (prendre), Madame?
64. Vous .... (voir) beaucoup de méduses?
65. Anne .... (venir) avec sa parenté.
66. Elle .... (être) très gentille.
67. Nous .... (descendre) par le téléphérique.
68. Où est-ce que tu .... (habiter) en France, Florence?
69. Vous .... déjà .... (lire) Harry Potter, les enfants?
70. Elle .... (mettre) son chapeau vert.
71. Nous .... assez .... (attendre).
72. J' .... (prendre) deux crêpes au jambon.
73. Elle .... (avoir) une bonne note en français.
74. Léon .... (chercher) un travail.
75. Nous .... (venir) pour te féliciter, Maxime.
76. Elle .... (ne pas pouvoir) prendre le bus.
77. De qui est-ce que vous .... (parler)?
78. Madame Dufour .... (vendre) ses disques.
79. Elle .... (ouvrir) la fenêtre.
80. Quand est-ce qu'elle .... (partir)?

LES PRONOMS PERSONNELS TONIQUES / DISJOINTS
Die betonten / unverbundenen Personalpronomen

	Singulier	*Pluriel*
1re personne	**MOI**	**NOUS**
2e personne	**TOI**	**VOUS**
3e personne masc.	**LUI**	**EUX**
3e personne fém.	**ELLE**	**ELLES**

Die **verbundenen Personalpronomen** *je, tu, il, elle* .... können nur **in Verbindung mit einem Verb stehen.**
Die **unverbundenen Personalpronomen** *moi, toi, lui* ...... werden **ohne Verb verwendet**:

1. zur Hervorhebung, Verstärkung:

Moi, ***je*** prends un coca et **toi,** qu'est-ce que ***tu*** prends?
Lui, ***il*** s'appelle Bernard.
Toi et **moi,** ***nous*** sommes d'Autriche.
Je n'ai pas faim, ***moi***.

2. wenn das Verb fehlt:

Je m'appelle Marie, et **toi**?
Qui veut un croissant? – **Moi**!
Qui est là? – **Elle**.
Qui veut lire? – **Toi**?
On va au café? – **Moi** non. / Pas **moi**. / **Moi** pas. *(Ich nicht.)*

3. nach être *à* *gehören*

Le livre ***est à*** **toi?** – Oui, il ***est à*** **moi**.
C'est à **vous**, ça? – Oui, ***c'est à*** **nous**.
C'est à **lui**, le cahier bleu? – Non, ***c'est à*** **elle**.
C'est à **vous**, le chapeau? – Oui, merci, ***c'est à*** **moi**.

4. zur Betonung und Verstärkung eines Besitzverhältnisses: mit *à*

Mon livre ***à* moi** est là-bas.	*Mein Buch ist dort drüben.*
Ton chapeau ***à* toi** est dans ta chambre.	*Dein Hut ist in deinem Zimmer.*
Je range toujours leurs chambres ***à* eux**!	*Ich räume immer ihre Zimmer auf!*
Tu manges mon sandwich ***à* moi!**	*Du isst mein Sandwich!*
Sa mère ***à* lui** est jolie.	*Seine Mutter ist nett.*

5. nach *c'est / ce sont* zur Hervorhebung einer Person.

Achtung 1: ***Die Verben richten sich hier immer nach der Person und nicht nach dem qui!***

***C'est* moi** qui fais mon devoir. (je fais)	***Ich** bin es, der seine Hü. macht.*
***C'est* moi** qui ai fait ce gâteau. (j'ai fait)	***Ich** habe diesen Kuchen gemacht.*
***C'est* toi** qui arrives tard. (tu arrives)	***Du** bist es, der spät kommt.*
***C'est* lui** qui mange les sandwichs. (il mange)	***Er** ist es, der die Sandwiches isst.*
***C'est* elle** qui va à la fête. (elle va)	***Sie** ist es, die zum Fest geht.*
***C'est* nous** qui sommes en ville. (nous sommes)	***Wir** sind es, die in der Stadt sind.*
***C'est* nous** qui avons fait les courses. (nous avons fait)	***Wir** sind einkaufen gegangen.*
Ah, ***c'est* vous** qui êtes dans la cuisine! (vous êtes)	*Ah, **ihr** seid/**Sie** sind in der Küche!*
***C'est / Ce sont* eux** qui sont à la maison. (ils sont)	***Sie** sind es, die zu Hause sind.*
***C'est / Ce sont* elles** qui ont faim. (elles ont)	***Sie** sind es, die Hunger haben.*

Achtung 2: ***Nur mit eux und elles kann hier auch der Plural von être verwendet werden (ce sont).***

6. in Verbindung mit *même* (*Singular*) / *mêmes* (*Plural*) (*selbst*):

Je voudrais acheter le pain **moi-*même***.	*Ich möchte das Brot selbst kaufen.*
Tu paies **toi-*même***?	*Du bezahlst selbst?*
Il fait ses devoirs **lui-*même***.	*Er macht seine Hausübung selbst.*
Marie prépare le goûter **elle-*même***.	*Marie bereitet die Jause selbst zu.*
Ils disent ça **eux-*mêmes***.	*Sie sagen es selbst.*
Les filles ont rangé leurs chambres **elles-*mêmes***.	*... haben selbst aufgeräumt.*
Vous voulez faire le gâteau **vous-*mêmes***?	*Wollt ihr / Wollen Sie den Kuchen selbst machen?*

7. bei der Steigerung:

Il est plus grand que **toi.**	*Er ist größer als du.*
Elle est plus vieille que **moi**.	*Sie ist älter als ich.*

8. in Verbindung mit *aussi* *(auch)*, ***non plus*** *(auch nicht)* **und *seul*** *(allein):*

Pierre achète un vélo et **moi *aussi***.
Toi *aussi*, tu arrives tard.
Elle ne veut pas venir et **lui *non plus***.
Elle ne fume pas et **nous *non plus***.
Elle *seule* peut nous aider maintenant!
Lui *seul* est arrivé hier.

9. nach *être à* *an der Reihe sein, die Pflicht haben etwas zu tun.*

***C'est à* qui** de lire? – ***C'est à* moi,** Madame.	*Wer ist zum Lesen dran? - Ich.*
Aujourd'hui ***c'est à* toi** de ranger les chambres.	*Heute musst du die Zimmer aufräumen.*
***C'est à* lui** de laver la vaisselle.	*Er ist mit dem Abwaschen a.d.Reihe.*

10. nach Präpositionen:

Qui joue ***avec* moi**?	*Wer spielt mit mir?*
Il vient ***avec* moi**.	*Er kommt mit mir.*
Je vais ***chez* eux**.	*Ich gehe zu ihnen.*
Nadine vient ***chez* lui** aujourd'hui.	*Nadine kommt heute zu ihm.*
Pierre rentre ***chez* lui**.	*Peter geht nach Hause.*
Je rentre ***chez* moi**.	*Ich gehe nach Hause.*
Maman prépare un goûter ***pour* nous**.	*M. bereitet eine Jause für uns zu.*
Les fleurs sont ***pour* toi**.	*Die Blumen sind für dich.*
Vous parlez ***de* nous**?	*Ihr sprecht / Sie sprechen von uns?*
Il arrive ***sans* elle**.	*Er kommt ohne sie.*
Nous faisons un jeu ***sans* elles**.	*Wir machen ein Spiel ohne sie.*
Je pense ***à* elle**.	*Ich denke an sie.*
Je suis ***derrière* toi**.	*Ich bin hinter dir.*
Vous parlez ***d'*eux**?	*Sprecht ihr / Sprechen Sie von ihnen?*

11. beim bejahten Imperativ:

voir aussi ☺ **I** p 74/3/4

Anmerkung: In der **ersten und zweiten Person Singular** verwendet man die betonten Formen **moi**, **toi**.

Exemples:

Regarde-**toi**!	*Schau dich an!*
Regardez-**moi**!	*Schauen Sie / Schaut mich an!*
Dépêche-**toi**!	*Beeil dich!*
Attendez-**moi**!	*Warten Sie / Wartet auf mich!*
Pardonnez-**moi**!	*Verzeihen Sie / Verzeiht mir!*
Lève-**toi**!	*Steh auf!*

À COMPLÉTER: LES PRONOMS TONIQUES

1. C'est .... qui ai fait le gâteau.
2. Ce sont .... qui ont dessiné les B.D.
3. C'est .... qui es toujours en retard.
4. C'est .... qui a mangé mon éclair?
5. C'est .... qui avons acheté des poissons.
6. C'est .... qui ont menti.
7. C'est .... qui êtes dans la salle de séjour?
8. C'est .... qui sommes à la maison.
9. C'est toujours .... qui fais la vaisselle! Aide- .... !
10. Ce sont .... qui font des bêtises.
11. C'est .... qui suis en ville demain.
12. C'est .... qui paie.
13. C'est .... qui a fait les courses.
14. C'est .... qui voudrais aller en France?
15. C'est .... qui passe l'aspirateur.
16. C'est .... qui es ma correspondante.
17. C'est .... qui a dansé avec Brigitte.
18. C'est .... qui ai téléphoné.
19. C'est .... qui avez tout raconté.
20. Ce sont .... qui ont payé au restaurant.
21. C'est .... qui est mon ami.
22. C'est .... qui voulons partir maintenant.
23. C'est .... qui êtes la dernière.
24. C'est .... qui dois rentrer.
25. C'est .... qui as dit la vérité.
26. C'est .... qui vais à l'école maintenant.
27. C'est .... qui ne peut plus venir.
28. C'est .... qui a téléphoné à ses parents.
29. C'est .... qui ont mangé les sandwiches.
30. Ce sont .... qui veulent aller au cinéma.
31. C'est .... qui vas au cinéma ce soir?
32. C'est .... qui t'ai vu hier soir.
33. C'est .... qui suis venu te voir cet après-midi.
34. C'est .... qui as obtenu une bonne note en français?
35. C'est toujours .... qui dis des bêtises.
36. C'est .... qui m'as téléphoné hier?
37. C'est .... qui allons à Paris cette année.
38. C'est .... qui m'a écrit.
39. C'est .... qui as vu ce film?
40. C'est .... qui m'avez donné le livre.
41. Ce sont .... qui ont fait les courses.

METS LES PRONOMS TONIQUES CORRECTS

1. .... , je voudrais une bière, et .... , qu'est-ce que tu prends?
2. .... , je m'appelle Christian, et .... , tu t'appelles comment?
3. Il n'a pas soif, ...
4. .... aussi, elle habite rue Morand.
5. Qu'est-ce que tu fais? Tu manges mon éclair à .... !
6. Tu as fait ce gâteau ....-............. ?
7. Le manteau, c'est à .... , Monsieur? – Oui, merci, c'est à ....
8. Sa grand-mère à .... a déjà 90 ans.
9. Qui veut encore un sandwich? – .... !
10. .... , tu n'as jamais le temps de m'aider!
11. Le petit Pilou a préparé le goûter ....-............. .
12. .... et .... habitons ensemble.
13. Le cahier est à .... ? – Oui, c'est à ....
14. C'est .... qui ai fait le gâteau.
15. Nadine arrive avec ses parents? – Oui, avec ....
16. Elles ont dit ça ....-............. .
17. Fabienne n'a jamais faim, ... !
18. À qui est le cahier là-bas? – Je crois que c'est à Luc. – Oui, c'est à ....
19. C'est .... qui ont toujours faim.
20. Range tes affaires à .... ! – Mes affaires à .... sont dans ma chambre!
21. Marie est plus grande que .... , Philippe.
22. Je ne veux plus ranger leurs chambres à .... !
23. C'est .... qui avons écrit la lettre.
24. Son père à .... est très gentil.
25. Les cadeaux sont pour .... Fernand! Bon anniversaire!
26. Aujourd'hui c'est à .... de laver la vaisselle, Pierre.
27. C'est toujours .... qui faisons les courses.
28. Les garçons ont réparé la bicyclette ....-............. .
29. .... aussi, tu es en retard.
30. Elle ne boit jamais d'alcool et .... non plus.
31. C'est à papa de passer l'aspirateur aujourd'hui? – Oui, c'est à ....
32. Pierre, Nicolas! C'est .... qui êtes dans le jardin?
33. C'est à qui de nettoyer les fenêtres, à Bertrand? – Non, ce n'est pas à ....
34. Jacques vient sans Marie? – Oui, sans ....
35. .... aussi, ils ont une Mercedes.
36. Vous parlez des Legrand? – Oui, nous parlons d' ....
37. Où est Pierre? – Il est derrière ....
38. Je dois rentrer chez .... maintenant.

39. Luc a fait le voyage sans son amie? – Oui, sans ....
40. Elle a couru plus vite que ....
41. .... , je suis resté à la maison hier soir et qu'est-ce que tu as fait, ... ?
42. .... , il oublie toujours ses devoirs!
43. J'aime sortir avec .... , Luc.
44. Les sandwiches sont pour qui? – Pour .... !
45. .... , elle est allée à Paris et .... , il a fait un cours d'allemand.
46. .... , il est resté chez sa tante pendant les vacances.
47. .... , je travaille à la poste et .... , vous travaillez où?
48. Aujourd'hui mon devoir à .... est trop difficile pour ....
49. .... , elle veut passer ses vacances au bord de la mer et .... , il veut aller à la montagne.
50. Qu'est-ce que tu as acheté, ... ? – .... , je n'ai rien acheté.
51. .... , j'ai faim. Je prends une crêpe. Et .... , qu'est-ce que tu prends?
52. .... , tu restes à la maison ce soir.
53. Tu viens avec .... ? On va au bar Paradis.
54. Est-ce que Paul vient, ... aussi? –
Oui, et maintenant dépêche- .... !
55. .... , je n'aime pas beaucoup les légumes.
56. Qui a fait cela? Pierre? – Oui, ...
57. Où est-ce qu'ils sont allés, ... ?
58. Cet après-midi il y a une boum chez ....
59. Il ne joue plus avec .... , parce qu'ils sont trop turbulents pour ....
60. .... , ils sont restés trois heures, ... , elles sont restées une heure.
61. .... , nous avons été au cinéma ce soir et .... , vous avez été où?
62. .... , il est tombé de vélo cet après-midi.
63. Tu aimes discuter avec Sophie et Sylvie? – Oui, avec .... c'est toujours intéressant.
64. Le devoir de français est trop difficile pour ....
65. Il dit toujours: .... , je n'ai rien fait.
66. C'est ...., François, qu'il a regardé tout le temps.
67. Il est parti sans ....
68. Je ne fais pas ça, ... ! Pardonnez - .... !
69. Il a déjà parlé avec les filles? – Oui, il a parlé avec ....
70. J'ai attendu Robert mais .... , il n'est pas venu.
71. Madame Laroche n'est pas chez ....
72. .... seul peut nous aider.
73. C'est mon crayon à ....
74. .... , elle sait toujours ce qu'elle fait.
75. .... -même as dit cela.
76. C'est ton chapeau à .... ?
77. Le café au lait, c'est pour .... , Monsieur?

CROIRE / PERDRE / NETTOYER / PLEUVOIR

croire *(glauben, meinen)*

je	crois
tu	crois
il/elle/on	croit
nous	croyons
vous	croyez
ils/elles	croient

Crois!
Croyons!
Croyez!

Participe passé: **cru**

perdre *(verlieren)*

je	perd**s**
tu	perd**s**
il/elle/on	per**d**
nous	perd**ons**
vous	perd**ez**
ils/elles	perd**ent**

Perds!
Perdons!
Perdez!

Participe passé: **perdu**

De même: *(ebenso:)*
rendre *(zurückgeben)*

nettoyer *(reinigen)*

je	netto**ie**
tu	netto**ies**
il/elle/on	netto**ie**
nous	netto**yons**
vous	netto**yez**
ils/elles	netto**ient**

Nettoie!
Nettoyons!
Nettoyez!

Participe passé: **nettoyé**

De même: *(ebenso:)*
employer *(verwenden, beschäftigen)*
noyer *(überfluten, ertränken)*

pleuvoir *(regnen)*

il	pleu**t**

Passé Composé: il a **plu**

METS LES VERBES À LEUR FORME CORRECTE

1. Madame Lefèvre a .... (perdre) une gande somme d'argent.
2. J'ai .... (employer) cet après-midi à écrire la lettre.
3. Nous ne .... (croire) pas son histoire.
4. Nous restons à la maison parce qu'il .... (pleuvoir).
5. .... (nettoyer) ta chambre, s'il te plaît.
6. Ne .... (perdre) pas courage!
7. Est-ce que tu .... (croire) en Dieu?
8. N' .... (employer) pas de gros mots!
9. Je dois .... (nettoyer) les fenêtres.
10. Monsieur Gabin vous .... (croire).
11. Je ne peux pas .... (croire) cela de Monique!
12. Elle est .... (employer) chez Madame Legrand.
13. En octobre les arbres .... (perdre) leurs feuilles.
14. .... (nettoyer) tes mains, Luc!
15. On l'a déjà .... (croire) mort.
16. Tiens, Nicole a .... (perdre) cinq kilos!
17. Pierre .... (nettoyer) toujours son assiette.
18. .... (rendre) vos copies, les élèves!
19. Il vous .... (croire) capable de l'aider.
20. Je .... (croire) qu'il .... (perdre) la tête.
21. Nous .... (nettoyer) notre appartement.
22. Tu n'aimes pas .... (perdre).
23. Ils .... (croire) bien faire.
24. Regarde, il .... (pleuvoir)!
25. Je .... (perdre) toujours mes clés.
26. .... (nettoyer) vos pantalons!
27. Elles ont .... (croire) mourir.
28. Fabienne a .... (perdre) son père à sept ans.
29. Nicole .... (nettoyer) ses chaussures.
30. Elle a .... (rendre) une invitation à Madame Sagan.
31. Dépêche-toi! Il commence à .... (pleuvoir).
32. Tu .... (croire) qu'il viendra? – Je .... (croire) que non.
33. Nous avons .... (nettoyer) l'étable.
34. Vous .... (croire) à une pneumonie, docteur?
35. Elle n'a rien à .... (perdre).
36. Il a .... (pleuvoir) toute la journée.
37. Il .... (noyer) son chagrin dans l'alcool.
38. .... (croire) en mon expérience!
39. Les enfants .... (nettoyer) leurs armoires.
40. Elle est triste quand elle .... (perdre) au jeu.

L'ARTICLE PARTITIF
Der Teilungsartikel

1. Er wird verwendet um einen **unbestimmten Teil** einer **unzählbaren Menge** in der Einzahl, **abstrakte Begriffe** oder **Werke eines Künstlers** zu bezeichnen.
Im Plural vertritt er eine **unbestimmte Anzahl zählbarer Dinge**.
Im Deutschen kennen wir den Teilungsartikel nicht.

Formen:	**du**	*(m Sg)*
	de la	*(f Sg)*
	de l'	*(m/f Sg vor Vokal)*
	des	*(m/f Pl)*

Exemples:

J'achète **du** pain.	*Ich kaufe Brot. (unbestimmte Menge)*
Il mange **de la** confiture.	*Er isst Marmelade. (unbestimmte Menge)*
Elle boit **de l'**eau minérale.	*Sie trinkt Mineralwasser. (unbestimmte Menge)*
J'ai **de l'**argent sur moi.	*Ich habe Geld bei mir. (unbestimmte Menge)*
Nous prenons encore **des** fruits.	*Wir nehmen noch Früchte. (unbestimmte Anzahl)*
Elle ajoute **des** fraises.	*Sie fügt Erdbeeren hinzu. (unbestimmte Anzahl)*
Ce que tu fais c'est **de la** folie.	*Was du machst ist Blödsinn. (abstrakter Begriff)*
Pierre a **du** courage.	*Peter hat Mut. (abstrakter Begriff)*
Mireille fait **de l'**allemand.	*Mireille macht Deutsch. (abstrakter Begriff)*
Il joue **du** violon.	*Er spielt Geige. (abstrakter Begriff)*
Tu me fais **de la** peine.	*Du machst mir Kummer. (abstrakter Begriff)*
Il fait **du** sport.	*Er betreibt Sport. (abstrakter Begriff)*
Elle écoute **de la** musique.	*Sie hört Musik. (abstrakter Begriff)*
Marie a **de l'**humour.	*Maria hat Humor. (abstrakter Begriff)*
Il a encore **du** temps.	*Er hat noch Zeit. (abstrakter Begriff)*
Elle a **du** temps libre.	*Sie hat Freizeit. (abstrakter Begriff)*
Nous écoutons **du** Beethoven.	*Wir hören Beethoven. (Werk eines Künstlers)*
Il lit **du** Sartre.	*Er liest Sartre. (Werk eines Künstlers)*

Merke jedoch:	avoir (très) **faim**	*(großen) Hunger haben*
	avoir (très) **soif**	*(großen) Durst haben*
	avoir **raison**	*Recht haben*
	avoir **tort**	*Unrecht haben*
	avoir **pitié**	*Mitleid haben*
	avoir **envie**	*Lust haben*
	avoir (très) **peur**	*(große) Angst haben*
	avoir (très) **mal**	*(große) Schmerzen haben*
	avoir **confiance**	*Vertrauen haben*
	avoir **sommeil**	*Schlaf haben, müde sein*
	avoir **bonne mine**	*gesund aussehen*
	avoir **mauvaise mine**	*krank aussehen*
	J'ai **chaud**.	*Mir ist warm, heiß.*
	J'ai **froid**.	*Mir ist kalt.*
	avoir **le** temps de faire qc.	*Zeit haben etwas zu tun*
	Il n'a pas **le** temps de venir.	*Er hat keine Zeit zu kommen.*
	Vous avez tout **le**/votre temps.	*Sie haben Zeit genug / genügend Zeit.*
	avoir **les** yeux bruns	*braune Augen haben*
	avoir **les** mains chaudes	*warme Hände haben*
	avec + **abstrakte Begriffe**:	
	avec **attention**	*aufmerksam*
	avec **courage**	*mutig, tapfer, unerschrocken*
	avec **joie**	*freudig*
	avec **angoisse**	*angsterfüllt*

2. Der Teilungsartikel steht auch **nach Präpositionen** vor Begriffen wie in Regel 1.

Exemples: Il écrit ***sur*** **du** papier blanc.
Elle boit son thé ***avec*** **du** citron.
Il a travaillé ***pour*** **de l'**argent.
Elle habite ***chez*** **des** amis.

Ausnahme: Der Teilungsartikel **steht nicht** nach: **en**
sans

Exemples:	La chaise est **en** bois.	*aus Holz*
	Nicole est **en** bonnes mains.	*in guten Händen*
	Je bois mon café **sans** lait.	*ohne Milch*

3. Er steht nach Ausdrücken wie: **la plupart, bien, la moitié**

Exemples:

La plupart **des** amis sont là.	*die meisten Freunde*
Elle est malade ***la plupart*** **du** temps.	*die meiste Zeit*
Bien **des** gens ont vu l'exposition.	*viele Leute*
Tu te donnes ***bien*** **de la** peine.	*gibst dir viel Mühe*
Il a ***bien*** **de la** chance.	*Er hat viel Glück.*
Bien **du** monde est là.	*Viele Leute sind da.*
Il a passé son examen avec ***bien*** **du** mal.	*mit großer Mühe / Ach und Krach*
Elle a mangé ***la moitié*** **de la** viande.	*die Hälfte Fleisch*

Merke jedoch:

(bien) d'autres	*(viele) andere*
(bien) d'autres choses	*(viele) andere Dinge*
certains gens	*gewisse Leute*
différentes filles	*verschiedene Mädchen*
divers films	*diverse / verschiedene Filme*
plusieurs amis	*verschiedene / mehrere Freunde*
Quelques autres ont dit cela.	*einige andere*

4. Nach **aimer, aimer mieux, adorer, préférer, détester +** **Infinitiv** steht der **volle Teilungsartikel**.

Voir ☺ **I** page 62/1. *(Regel: nach* ***aimer****.... steht der* ***bestimmte*** *Artikel* ***le, l', la, les****)*

aimer ... + **le/l'/la/les**	**aimer** ... + **infinitif** + **du/de la/de l'/des**
J'aime **le** sport.	J'aime faire **du** sport.
Il déteste **le** café noir.	Il déteste boire **du** café noir.
J'aime **l'**eau.	J'aime boire **de l'**eau minérale.
Il préfère **la** musique rock.	Il préfère écouter **de la** musique rock.
Elle adore **les** pains au chocolat.	Elle adore manger **des** pains au chocolat.

5. Der Teilungsartikel steht auch bei **vorangestelltem Adjektiv**.

Exemples: Maman prépare **de la** bonne soupe.
Pierre, ce que tu as fait, c'est **du** bon travail!

Merke: Im **Plural** kann bei vorangestelltem Adjektiv sowohl **de** *(gehobenes Französisch)* als auch **des** *(Umgangssprache)* verwendet werden.
Vor **Vokal** steht jedoch nur **d'**.

Exemples: Nous avons **de / des** bons amis.
Il a toujours **de / des** bonnes idées.
Simone a **de / des** bonnes notes.
Claude et François sont **d'**excellents élèves!

Aber: Bei **fixen Ausdrücken** steht nur der **volle Teilungsartikel**:

des petits pains	*Semmeln*
des petits pois	*grüne Erbsen*
des jeunes gens	*junge Leute*
des jeunes filles	*junge Mädchen*
des grandes personnes	*Erwachsene*
des petits-enfants	*Enkel*
des bons mots	*treffende Bemerkungen*

6. Nach **Mengenangaben** und **combien** *(wieviel)* steht nur das partitive **de**.

Voir ☺ **I** pages 81/82.

Exemples:

un verre **de** lait	
un pot **de** confiture	
un kilo **de** farine	
Pas mal **de** gens sont là.	*Ziemlich viele Leute sind da.*
Combien **de** sucre est-ce que tu mets?	*Wieviel Zucker nimmst du?*
Il mange ***trop*** **de** chocolat.	*Er isst zu viel Schokolade.*
Elle a ***tant*** **de** livres.	*Sie hat so viele Bücher.*
Il a ***tellement*** **d'**argent.	*Er hat so viel Geld.*

Achtung: so viel = *tant de, tellement de* **aber nie**: *si beaucoup*!

7. In der **Verneinung** steht nur das partitive **de**.

Voir ☺ **I** pages 58/59.

Exemples:

Il **n'**y a **plus de** bière.
Elle **ne** prend **pas de** sucre.
Il **ne** mange **jamais de** viande.
Elle est partie **sans donner de** raison. *... ohne einen Grund anzugeben*
Il est venu **sans faire de** bruit. *... ohne Lärm zu machen*

Merke 1: nach **ne ..... que** *(nur, erst)* steht der **volle Teilungsartikel**.

Elle **ne** boit **que** **du** café au lait.
Il **ne** mange **que** **du** pain blanc.
Elle **n'**achète **que** **de la** limonade.
Vous **ne** mangez **que** **des** fruits.

Merke 2: nach **ne ... ni ... ni** *(weder ... noch)* steht **kein Teilungsartikel**.

Elle **ne** boit **ni** vin **ni** bière.
Il **ne** mange **ni** légumes **ni** fromage.

Merke 3: Bei ***être*** **steht immer** der **volle Teilungsartikel** oder der **unbestimmte Artikel**. (☺ **I**, p 59)

C'***est*** **du** pain blanc.	Ce ***n'est pas*** **du** pain blanc.
C'***est*** **de la** bière?	Non, ce ***n'est pas*** **de la** bière, c'***est*** **du** vin.
Ce ***sont*** **des** bouteilles.	Ce ***ne sont pas*** **des** bouteilles.
C'***est*** **un** chat? *(unbest.Art.)*	Non, ce ***n'est pas*** **un** chat, c'***est*** **une** chatte.

METS L'ARTICLE PARTITIF SI NÉCESSAIRE

1. Tu prends encore .... confiture?
2. Il n'aime pas .... pains au chocolat.
3. Maman a acheté .... viande pour demain.
4. Ne prends pas trop .... beurre.
5. Elle a apporté .... fromage et .... pain pour notre fête.
6. Il nous a offert .... croissants.
7. Tu as bu beaucoup trop .... cidre, Pierre!
8. Je voudrais .... eau minérale maintenant.
9. Tu prends .... café ou .... thé? – Une tasse .... café, s'il te plaît.
10. Donne-moi un morceau .... fromage.
11. Il mange .... pain avec .... confiture.
12. S'il te plaît achète encore .... cigarettes.
13. On a servi .... café au lait et .... croissants.
14. Un verre .... lait, Nicole? – Oui, merci.
15. Achète encore deux paquets .... biscuits.
16. Il a mangé cinq tranches .... jambon.
17. Elle n'aime pas ...... légumes mais Papa adore .... crêpes aux légumes.
18. Robert mange seulement .... viande et .... fruits.
19. Ajoute encore .... citron, seulement un peu .... citron.
20. Donnez-moi un cornet .... frites, s'il vous plaît.
21. Moi, je prends .... frites, et toi? – Moi, je prends .... hamburger.
22. Tu as oublié de mettre .... vinaigre et .... huile dans la salade.
23. Combien .... noix est-ce que tu mets? – Cent grammes .... noix.
24. Vous avez déjà choisi? – Oui, on prend .... quart .... vin rouge, ... bière, ... café noir et .... verre .... limonade. – Vous désirez aussi quelque chose à manger? – Oui, nous prenons .... crêpe au saumon et .... assiette .... salade avec .... mayonnaise, non, attendez, sans .... mayonnaise.
25. Pour faire un gâteau tu prends quatre œufs, 300 grammes .... farine, 250 grammes .... beurre, 200 grammes .... sucre, une pincée .... sel, un paquet .... vanilline, une petite cuillerée .... levure chimique, une goutte .... rhum, un quart litre .... lait et .... chocolat râpé.
26. J'ai .... pitié pour lui.
27. Mes amis ne mangent jamais .... porc.
28. Ils ne mangent que .... bœuf.
29. Elle aime écouter .... musique classique.
30. Papa gagne beaucoup .... argent.
31. Maurice joue .... guitare et .... piano.
32. Richard me fait .... peine.

33. Il a gagné .... argent pendant les vacances, beaucoup .... argent.
34. C'est .... vin dans les bouteilles? – Non, c'est .... cidre.
35. Elle est encore petite, mais elle a .... courage.
36. Prends moins .... sucre!
37. Pour une fête il faut .... idées! .... bonnes idées!
38. Ouvre la fenêtre, j'ai .... chaud.
39. Marlène a .... yeux bleus.
40. Je t'ai dit cela bien .... fois.
41. Lui, il fait .... judo et elle, elle fait .... gymnastique.
42. Pierre a eu bien .... chance!
43. Je la connais depuis bien .... années.
44. Achète encore .... confiture et .... poires, Nadine.
45. On écoute .... Mozart et Paul fait .... français.
46. N'ayez pas .... peur!
47. Elle écrit sur .... papier quadrillé.
48. La table est en .... bois.
49. La plupart .... gens là-bas sont .... jeunes gens.
50. Certaines .... personnes disent qu'il est malade.
51. Le bébé est en .... bonnes mains.
52. Quelques .... autres ont dit cela, eux aussi.
53. Elle habite chez .... amies.
54. Bien .... autres sont venus.
55. Elle est partie sans donner .... raison.
56. Valérie a .... pieds froids.
57. Il a mangé la moitié .... gâteau.
58. Il prend son thé avec .... lait.
59. On a regardé .... divers films.
60. Monsieur Legrand a .... confiance dans ce remède.
61. Tu aimes faire .... sport? – Oui, j'aime .... sport.
62. Je prends mon café toujours sans .... lait.
63. Elle déteste boire .... whisky.
64. Combien .... pommes est-ce que tu achètes?
65. Il ne boit que .... vin rouge.
66. Elle ne mange jamais .... poisson.
67. Je voudrais un verre .... lait et .... croissants, s'il vous plaît.
68. Ils sont arrivés sans faire .... bruit.
69. Sophie ne mange que .... pain complet.
70. Ce ne sont pas .... croissants, ce sont .... pains au chocolat.
71. Il n'y a plus .... bière dans le réfrigérateur.
72. J'ai .... soif. On achète une bouteille .... eau minérale?
73. Tu as .... raison. Barbara joue .... harpe.
74. Malheureusement il n'y a pas .... confiture dans le pot.

75. Luc a .... bonne mine. – Oui, il mange beaucoup .... pommes.
76. Il a .... mal à la gorge. Il boit .... thé chaud au citron.
77. Le dimanche il y a souvent .... bonne soupe, ... viande avec .... petits pois, ... haricots verts ou .... tomates.
78. Ce saladier, c'est .... plastique.
79. Je prends .... chocolat chaud et .... petits pains au petit déjeuner.
80. Qu'est-ce que tu prends pour le dessert? .... fromage ou .... crème? – Je prends .... crème.
81. Tu vas grossir! Tu manges trop .... bonbons et .... chocolat.
82. Pierre n'aime pas .... œufs.
83. Guy fait .... plongée mais moi, j'aime mieux .... tennis.
84. Je paie toujours avec .... chèques.
85. Nous n'avons plus .... jus de fruits mais il y a encore .... limonade.
86. Attention! La bouteille est en .... verre!
87. Qu'est-ce que vous voulez manger? .... petits pains ou ...... croissants?
88. Ce n'est pas .... vin blanc, c'est .... eau!
89. Tu prends .... sucre, Marcel? – Non, merci, je bois le thé toujours sans .... sucre mais avec .... lait. Seulement un peu .... lait.
90. Une tasse .... café? – Non, plutôt un verre .... bière.
91. Deux sandwiches avec .... beurre et .... camembert, s'il vous plaît.
92. Elle est au régime. Elle mange seulement .... salade, ... tomates, ... yaourts aux fruits, ... pommes et .... autres fruits et elle ne boit que .... eau minérale et .... thé sans .... sucre.
93. Dans le placard il y a encore trois boîtes .... thon et .... petits pois.
94. Tu aimes .... olives? – Oui, mais je préfère .... olives vertes.
95. Prends le sac en .... papier et achète encore .... poivron, ... œufs, ... pain, ... jambon et un litre .... lait.
96. Mets encore une pincée .... sel et .... fromage râpé.
97. Prends la cuiller en .... bois et remue bien.
98. J'adore .... crème au citron avec .... sucre en poudre.
99. Donne une feuille .... salade et .... carottes à ton lapin.
100. Elle va dans le bureau de tabac pour acheter .... cigaret-tes, deux paquets .... cigares, ... cartes postales, ... timbres, ... journaux et .... allumettes.
101. Tu bois ...... café avec nous? – Malheureusement je n'ai plus ..... temps.
102. Ta rédaction, c'est .... bon travail.
103. Mon Dieu! Il n'y a plus .... œufs pour faire la crème.
104. Claudine, tu ne bois jamais .... café, n'est-ce pas?
105. Vous désirez .... vin rouge? – Non, je ne bois que .... vin blanc.
106. Il a .... grands problèmes avec son frère.
107. Je prépare la pâte avec un peu .... huile.
108. Tiens, tu n'as plus .... eau! Donne-moi ton verre.

109. Thomas n'aime pas .... soupe.
110. Il aime manger .... soupe.
111. J'aime prendre .... thé le matin.
112. Elle a répandu la plupart .... café sur la nappe.
113. Bien .... enfants mangent trop .... chocolat.
114. Elle boit trop peu .... eau.
115. Pas mal .... gens sont là.
116. Elle a tant .... cassettes.
117. Maman a acheté deux mètres .... soie.
118. Les Ledoux n'ont pas .... enfants.
119. Nadine ne veut pas avoir .... enfants.
120. Marc et Nicole sont .... bons élèves?
121. Ce que tu manges là, c'est .... crème au caramel? – Non, ce n'est pas .... crème au caramel, c'est .... fromage blanc.
122. Le matin Claudine ne boit jamais .... café. Elle préfère .... thé.
123. Cette statue est en .... bois.
124. Pierre a vraiment montré .... courage!
125. Maman fait toujours .... excellents gâteaux.
126. Où est .... beurre? – .... beurre? .... voilà!
127. Il travaille toujours avec .... attention.
128. Luc ne boit que .... vin français.
129. Les touristes sont venus sans faire .... bruit.
130. Elle ne mange que .... croissants le matin.
131. Qu'est-ce qu'il y a à boire? – .... cidre, ... bière, ... vin, ... limonade et .... jus de fruits.
132. Les Debans n'ont pas .... voiture.
133. Claire ne mange ni .... carottes ni .... salade.
134. Non, ce ne sont pas .... amies de Fabienne.
135. Cécile veut maigrir. Elle ne mange que .... yaourts et .... fruits.
136. Qu'est-ce que vous avez pris? – .... sandwiches au saumon.
137. Gilbert n'a jamais mangé .... viande.
138. Les Morand n'ont pas .... maison, ils ont .... appartement.
139. Elle ne lit que .... bandes dessinées.
140. Vous avez encore .... poires?
141. Donne-moi .... verre .... eau, s'il te plaît. J'ai .... soif.
142. Je ne veux plus .... cognac, merci.
143. Tu peux ouvrir la fenêtre? J'ai .... chaud.
144. Jérôme ne mange que .... hamburgers et .... frites.
145. Guy ne boit ni .... thé ni .... café.
146. Il a regardé la photo avec .... angoisse.
147. Je n'ai pas .... portable.
148. Tu voudrais .... dessert maintenant?
149. Monique a toujours .... mauvaise mine.

FALLOIR *brauchen*

1. Il faut + voller Teilungsartikel *man braucht, wir brauchen*

Exemples:

Il faut de l'argent pour rénover la maison.	*Man braucht Geld um das Haus zu ...*
Il faut encore **du** sel.	*Man braucht noch Salz.*
Il faut de la salade pour le dîner.	*Wir brauchen Salat f.d. Abendessen.*
Il faut des fruits pour le week-end.	*Wir brauchen Obst f.d. Wochenende.*

2. Il ne (nous) faut pas + *partitives de* *man braucht / wir brauchen kein/-e*

Exemples:

Il ne faut pas d'œufs pour cette crème.	*Man braucht keine Eier f.d. Creme.*
Il ne faut pas de cigarettes pour la fête.	*Wir brauchen keine Zig. f.d. Fest.*
Il ne faut plus de sel.	*Man braucht kein Salz mehr.*
Il ne faut pas d'huile pour faire un biscuit.	*Man braucht kein Öl, um ....*
Il ne faut plus de farine.	*Man braucht kein Mehl mehr.*
Il ne nous faut pas de bière.	*Wir brauchen kein Bier.*

3. Il me / te / lui / nous / vous / leur faut + voller Teilungsartikel
Ich brauche, du brauchst, er/sie braucht, wir brauchen, ihr braucht, sie brauchen
*(Voir aussi: Les pronoms **lui/leur** page 78)*

Exemples:

Il lui faut encore **de la** limonade.	*Er/Sie braucht noch Limonade.*
Il me faut de l'argent.	*Ich brauche Geld.*
Il leur faut encore **de l'**eau minérale.	*Sie brauchen noch Mineralwasser.*
Il te faut encore **du** sucre?	*Brauchst du noch Zucker?*
Il nous faut des légumes.	*Wir brauchen Gemüse.*

4. Il faut / Il me / te .... faut

+ **bestimmter Artikel** für **<u>zählbare / näher bestimmte</u>** Dinge
+ **unbestimmter Artikel** für **<u>zählbare / nicht näher best.</u>** Dinge
+ **possessiver Begleiter**
+ **hinweisender Begleiter**
+ **Zahlwort / Mengenangaben**
+ **Infinitiv**

Exemples:

Il me faut le livre qui est sur mon bureau.	*Ich brauche **das** Buch, das ...*
Il leur faut les boissons qui sont sur la table.	*Sie brauchen **die** Getränke, die ...*
Il faut un bon ami.	*Man braucht **einen** guten Freund.*
Il nous faut un appartement.	*Wir brauchen **eine** Wohnung.*
Il lui faut toujours **un** prétexte.	*Er braucht immer **einen** Vorwand.*
Il me faut ton adresse.	*Ich brauche **deine** Adresse.*
Il vous faut encore **ce** journal?	*Brauchen Sie **diese** Zeitung noch?*
Il me faut dix mille adresses.	*Ich brauche **10000** Adressen.*
Il te faut quelque chose?	*Brauchst du **etwas**?*
Il lui faut écrire une lettre.	*Er/Sie muss einen Brief **schreiben**.*

5. Il faut + infinitif — *man muss, wir müssen*

Exemples:

Il faut rentrer tout de suite.	*Wir müssen sofort nach Hause gehen.*
Il faut travailler plus vite.	*Man muss / Wir müssen schneller arbeiten.*

6. Il ne faut pas + infinitif — *man darf nicht, man soll nicht, wir dürfen nicht, wir sollen nicht*

Exemples:

Il ne faut pas courir dans le couloir.	*Man darf am Gang nicht laufen.*
Il ne faut pas mentir.	*Man darf/Wir dürfen/Wir sollen nicht lügen.*

7. Il (nous ...) a fallu / Il n'a pas fallu / Il ne nous (vous ...) a pas fallu

Exemples:

Il nous a fallu son adresse.	*Wir haben seine Adresse gebraucht.*
Il ne nous a pas fallu attendre.	*Wir haben nicht warten müssen.*

AVOIR BESOIN DE *brauchen*

Achtung: Das ***de*** steht **immer** dabei!

Im Anschluss daran verwenden wir **wie im Deutschen**

1. entweder **keinen Artikel**
2. den **bestimmten Artikel**
3. den **unbestimmten Artikel**
4. den **possessiven Begleiter**
5. den **hinweisenden Begleiter**
6. **Zahlen / Mengenangaben**
7. einen **Infinitiv**

Exemples:

1.

J'ai **besoin de** sel.	*Ich brauche Salz. (kein Artikel)*
Tu as **besoin de** chaussettes.	*Du brauchst Socken. (kein Artikel)*
Elle a **besoin d'**argent.	*Sie braucht Geld. (kein Artikel)*
Je **n'**ai **plus besoin de** sucre.	*Ich brauche keinen Zucker mehr.*

2.

Il a **besoin de la** voiture aujourd'hui.	*Er braucht heute das Auto. (best. Art.)*
Vous avez **besoin du** marteau?	*Brauchen Sie den Hammer?* ***(de+le = du)***
Nous avons **besoin des** livres là-bas.	*Wir brauchen die Bücher dort.****(de+les = des)***
Tu **n'**as **pas besoin de la** voiture ?	*Brauchst du das Auto nicht? (best. Art.)*

3.

Il a **besoin d'une** jolie amie.	*Er braucht eine nette Freundin. (unbest. A.)*
Elle a **besoin d'un** pull-over.	*Sie braucht einen Pullover. (unbest. A.)*

4.

J'ai **besoin de mon** livre de français.	*Ich brauche mein F. (poss.Begl.)*
Vous avez **besoin de votre** journal?	*Brauchen Sie Ihre Zeitung? (poss.Begl.)*
Nous avons **besoin de ton** adresse.	*Wir brauchen deine Adresse. (poss.Begl.)*

5.

Tu as encore **besoin de ce** journal?	*Brauchst du diese Z. noch? (hinw. Begl.)*
Elle a **besoin de cette** recette.	*Sie braucht dieses Rezept. (hinw. Begl.)*
Nous avons **besoin de ces** livres.	*Wir brauchen diese Bücher. (hinw. Begl.)*

6.

J'ai **besoin de __10__** œufs. — *Ich brauche __10__ Eier. (Zahlwort)*

Il a **besoin de __200__** timbres. — *Er braucht __200__ Marken. (Zahlwort)*

Elle a **besoin de __300 g__** de farine. — *Sie braucht __300 g__ Mehl. (Menge)*

On a **besoin de __deux kilos__** de pommes. — *Wir brauchen __2 kg__ Äpfel. (Menge)*

7.

Il a **besoin de __changer__** de l'argent. — *Er muss Geld wechseln. (Infinitiv)*

Elle a **besoin de __se reposer__**. — *Sie muss sich ausruhen. (Infinitiv)*

À traduire:

1. Wir brauchen unsere Französischbücher.
2. Ich muss einen Obstkuchen machen.
3. Man braucht noch Zucker.
4. Wir brauchen einen Mantel.
5. Brauchst du heute das Fahrrad?
6. Brauchen Sie diesen Bleistift?
7. Wir brauchen kein Bier.
8. Sie braucht Geld.
9. Er braucht eine Schachtel Zigaretten.
10. Ich brauche zwanzig Eier.
11. Man braucht keinen Zucker mehr.
12. Wir brauchen Obst.
13. Brauchst du die Leiter noch?
14. Sie brauchen eine Katze.
15. Für das Fest brauchen wir noch Brot und Getränke.
16. Wir müssen schneller gehen.
17. Wir sollen nicht lügen.
18. Sie braucht das Rezept dieser Sauce.
19. Ich muss einen Brief schreiben.
20. Ich brauche das Geld, das auf meinem Schreibtisch liegt.
21. Für den Apfelkuchen brauchen wir noch 5 Äpfel, Marmelade, Milch, ein Viertel Kilo Mehl, 2 Eier und etwas Rum.
22. Er braucht eine Flasche Wein.
23. Sie braucht 10 dag Käse.
24. Wieviel Milch brauchst du?
25. Ich brauche deinen Autoschlüssel.
26. Braucht er noch etwas?
27. Wir brauchen Milch für das Wochenende.
28. Man braucht einen guten Freund.
29. Man braucht keinen Essig mehr.
30. Brauchen Sie noch ein Blatt Papier?

FALLOIR / AVOIR BESOIN DE

1. J'ai besoin .... huile et .... deux kilos .... sucre.
2. Il faut .... temps pour voyager.
3. J'ai besoin .... votre aide.
4. Nous avons besoin .... ces photos.
5. Il me faut encore .... tomates, un kilo .... pommes, une livre .... poires, ... dix œufs, cinq bouteilles .... eau minérale, deux boîtes .... thon, ... cigares, un litre .... huile d'olive, un demi-litre .... lait, un quart .... beurre, deux salades et un paquet .... mouchoirs.
6. Pascal a besoin .... chaussures.
7. Bon, d'accord! Il ne faut plus .... sel.
8. Maman, j'ai besoin .... crayons.
9. Je n'ai pas besoin .... lait.
10. Il nous faut encore .... allumettes.
11. Vous avez besoin .... son adresse?
12. Pour son anniversaire il faut .... bonnes idées.
13. J'ai besoin .... sucre.
14. Non, merci, je n'ai pas besoin .... ton livre français.
15. Il me faut .... sept œufs.
16. J'ai besoin .... sept œufs.
17. Il nous faut encore .... sucre et .... rhum.
18. Tu as besoin .... bouteille qui est sur la table?
19. Il faut .... temps pour prendre le goûter.
20. Elle a besoin .... ami.
21. Il leur faut .... appartement plus grand.
22. Michel a toujours besoin .... argent.
23. Il vous faut .... cigarettes?
24. Elle a besoin .... vêtements plus larges.
25. Il ne faut plus .... vinaigre.
26. Il faut .... prétexte plausible.
27. Vous avez besoin .... quelque chose?
28. Il faut .... courage!
29. Papa, j'ai besoin .... voiture aujourd'hui.
30. Il me faut .... cahier qui est dans ma chambre.
31. Tu as encore besoin .... journal d'aujourd'hui?
32. Il nous faut .... pommes.
33. Il lui faut .... pommes qui sont dans le sac.
34. Vous avez besoin .... eau minérale.
35. Ils ont besoin .... échelle qui est derrière la maison.

LA RECETTE *Expressions utiles*

Voir d'abord ☺ **I** p 81/82, ☺ **II** p 15-28

Maman sait très bien faire la cuisine.	*Mutti kann sehr gut kochen.*
faire **à** manger	*zu essen richten*
préparer	*vorbereiten, zubereiten*
Si on faisait une soupe / un potage?	*Wie wäre es mit einer Suppe?*
Tu sais ce qu'on pourrait faire?	*Weißt du was wir machen könnten?*

déjeuner	*zu Mittag essen*
dîner	*zu Abend essen*
goûter	*abschmecken, kosten; jausnen*
suivre un régime	*auf Diät sein, Diät halten*

une liste **d'**achats *(m)*	*Einkaufsliste*
aliments *(m)*	*Nahrungsmittel*
la friandise	*Leckerbissen*
avoir besoin **de**	*brauchen*
il nous (me) faut encore **de la/du/des**	*brauchen, benötigen*
il ne faut pas oublier	*Wir dürfen/Man darf nicht vergessen*
Est-ce qu'il y a encore **de la/du/des**	*Haben wir noch.... Gibt es noch....?*
les ingrédients *(m)* qu'il faut **pour** faire un / une.....	*die Zutaten die man für .... braucht*
Pour la tarte il y a assez **d'**œufs.	*Für den (Obst) Kuchen / haben wir genügend Eier.*
le gâteau	*die Torte*

comme entrée *(f)* / hors-d'œuvre *(m)*	*als Vorspeise*
comme plat *(m)* principal	*als Hauptgericht*
comme dessert *(m)*	*als Nachspeise*
avec le rosbif des pommes de terre	*(als Beilage) zum Roastbeef Kartoffel*

faire tremper des haricots *(m)* **dans de l'**eau	*Bohnen in Wasser einweichen*
faire réchauffer	*wieder erwärmen*
faire mariner **dans de l'**huile	*in Öl marinieren*
faire gratiner au four 10 minutes	*überbacken*
faire durcir	*hart werden lassen*
faire griller	*braten, rösten*
faire cuire **à** feu doux	*bei schwacher Hitze dünsten/köcheln*

faire cuire **de** chaque côté	*beidseitig anbraten*
faire revenir le veau en morceaux	*die Kalbfleischwürfel anbraten*
faire fondre 5o g de beurre	*5o g Butter schmelzen lassen*
le beurre fondu	*geschmolzene Butter*
trop cuit	*zu „durch", zu lange gebraten*
un poulet rôti	*Brathähnchen*

laisser cuire (une à deux minutes)	*(1-2 min) kochen lassen*
laisser dorer **au** four	*im Ofen goldgelb backen*
laisser mijoter pendant une heure	*1 St. auf kleiner Flamme schmoren*
laisser reposer la pâte	*den Teig ruhen lassen*
laisser lever la pâte	*Teig gehen lassen*
le pâté (de foie)	*Pastete (Leber-)*

mélanger (bien)	*(gut) vermischen*
remuer	*umrühren*
passer **au** mixer	*mixen*
tamiser	*durchsieben*
verser / versez-y	*gießen / gießen Sie dazu*
Versez cette* préparation / ce* mélange **dans** un plat allant au four.*(* voir aussi p 68)*	*Gießen Sie diese Masse in eine feuerfeste Schüssel.*
mettre	*dazugeben*
mettre **dans** une casserole	*in einen Topf geben*
mettez-y	*(dort) dazugeben*
ajouter	*dazugeben, hinzufügen, beimengen*
Ajoutez 6 jaunes d'œufs un **à** un.	*Geben Sie 6 Dotter nach und nach dazu.*
Ajoutez les blancs d'œufs battus **en** neige.	*Mengen Sie den Eischnee bei.*
Ajoutez 4 œufs entiers.	*Geben Sie 4 ganze Eier dazu.*
enrichir avec	*hinzugeben, anreichern mit*
le bain-marie	*Wasserbad*

couper **en** rondelles (fines)	*in (feine) Ringe / Scheiben schneiden*
couper **en** tranches	*in Stücke / Schnitten schneiden*
couper **en** morceaux	*in Stücke schneiden*
hacher	*hacken*
râper; râpé	*reiben; gerieben*
peler (les pommes)	*schälen*
éplucher 2 bananes	*schälen*
épluchures *(f)*	*Schalen, Gemüseabfälle*

Travaillez 200 g **de** farine et 50 g **de** beurre fondu.	*Treiben Sie 200 Gramm Mehl mit 50 g geschmolzener Butter ab.*
Travaillez bien **avec** une cuiller en bois.	*Gut mit einem Holzlöffel durchmengen.*
battre **au** fouet	*mit einem Schneebesen schlagen*
Battez le tout.	*Alles abtreiben.*
étaler	*auswalken, ausrollen*
abaisser	*dünn ausrollen*
délayer	*verdünnen, auflösen*
Délayez 250 g de farine **avec** un peu **d**'eau.	*Rühren Sie 1/4 kg Mehl mit etwas Wasser an.*
passer **dans** la farine	*in Mehl wenden, wälzen*
passer **dans** la chapelure	*in Semmelbröseln wälzen*
farcir **de**	*füllen mit*

exprimer le jus d'un citron	*den Saft einer Zitrone auspressen*
parfumer	*würzen, verfeinern*
saler, poivrer	*salzen, pfeffern*
salé, trop salé	*gesalzen, versalzen*
sucrer	*zuckern*
beurrer	*mit Butter bestreichen*
déguster	*verkosten, probieren*
laisser infuser le thé	*ziehen lassen*
assaisonner la salade	*den Salat anmachen*

Avant de servir ajoutez ...	*Vor dem Servieren fügen Sie ... bei.*
Servez bien chaud / tout de suite.	*Heiß / sofort servieren.*
Pour servir entourez la crème de confiture.	*Um die Creme zu servieren mit Marmelade umgeben (garnieren).*
Servez entouré **de** ...	*Servieren Sie mit ... umgeben.*
Servez-le accompagné **de** persil.	*Servieren Sie mit Petersilie.*
dresser **sur** un plat	*auf einer Platte anrichten*
saupoudrer **de** sucre	*mit Zucker bestreuen*
décorer **de** persil	*mit Petersil garnieren*
garnir	*garnieren*
garnissez **avec** ...	*Garnieren Sie mit ...*
un bouquet garni (du thym et du laurier)	*Thymian und Lorbeer*

arrosez **de** citron	*beträufeln Sie mit Zitrone*
arrosez **avec** un demi verre de porto *(m)*	*mit 1/2 Glas Portwein begießen*

Attention: Pour **rédiger une recette** on peut utiliser soit **l'impératif** soit **l'infinitif.**
(Um ein Rezept zu erstellen kann man sowohl die Befehlsform als auch den Infinitiv verwenden.)
Voir aussi ☺ **I** p 74/3

Soupe à l'oignon:

Les ingrédients: cinq gros oignons
70 g .... beurre
2 cuillerées .... farine
.... sel, ... poivre
150 g .... fromage râpé (emmental/gruyère)
150 g .... croûtons

Épluchez .... oignons et coupez-les en rondelles fines. Faites fondre .... beurre dans .... casserole et mettez .... oignons à dorer. Ensuite, ajoutez deux cuillerées .... farine et remuez bien. Versez deux litres .... eau bouillante. Salez et poivrez et laissez cuire 15 minutes. Servez très chaud, saupoudré .... persil haché et accompagné .... croûtons et .... fromage râpé. Bon appétit!

Vinaigrette:

Les ingrédients: .... sel
.... poivre
.... vinaigre
.... cuillerée .... moutarde
1 petit oignon haché
4 cuillerées .... huile

Mélanger .... sel et .... poivre dans .... saladier. Puis verser .... vinaigre et remuer bien avec .... moutarde. Ajouter .... oignon haché et .... huile et battre avec .... fourchette.

Salade niçoise:

Les ingrédients:	trois tomates	deux oignons
	.... artichaut	.... céleri
	une gousse .... ail	.... salade verte
	deux œufs durs	.... poivron rouge
	.... poivron vert/jaune	.... olives
	.... boîte .... maïs	.... boîte ..... anchois
	.... vinaigre	.... huile
	.... pincée .... sel	.... poivre

Pelez et coupez .... oignons en rondelles fines. Dans un grand saladier mélangez .... oignons, ... huile et .... vinaigre. Salez et poivrez. Ajoutez-y .... tomates coupées en tranches. Faites blanchir .... céleri et .... artichaut (5 minutes) à l'eau salée et coupez-les. Lavez .... salade et mélangez bien tous les ingrédients. Décorez .... persil et garnissez avec .... œufs coupés en morceaux et .... olives. Servez bien frais.

Quiche Lorraine

Les ingrédients:	<u>pour la pâte</u>:	<u>pour le mélange</u>:
	250 g .... farine	200 g .... lard maigre
	2 jaunes d'œufs	300 g .... fromage (gruyère)
	150 g ...... beurre	4 œufs entiers
	.... sel	.... sel
		.... poivre
		.... noix muscade râpée

Travaillez vite .... farine, ... jaunes d'œufs, ... beurre et .... sel. Laissez reposer la pâte une demi-heure dans le frigidaire. Coupez .... lard maigre et .... fromage en tranches fines. Mélangez bien .... œufs et .... épices.
Étalez la pâte, mettez-la dans un moule à tarte, piquez-la à la fourchette et couvrez avec .... lard et .... fromage.
À la fin versez le mélange d'œufs sur la pâte.
Mettez la quiche 40 minutes au four.

Beignets aux pommes:

Les ingrédients: 150 g .... farine
2 jaunes d'œufs
1 verre .... bière
1 cuillerée à soupe .... rhum

Mettez 150 g .... farine dans une terrine et déposez-y une pincée .... sel, deux jaunes d'œufs, un verre .... bière et ...... rhum. Travaillez bien avec une cuiller en bois. Laissez reposer la pâte une heure. Coupez .... pommes en rondelles et mettez-les dans la pâte et versez-les dans une friture. Servez très chaud avec .... sucre en poudre.

Crème au citron au vin blanc:

Les ingrédients: 3 citrons
110 g .... sucre
2 verres .... vin blanc
7 jaunes d'œufs battus
quelques gouttes .... cognac

Exprimez ...... jus de trois citrons, mettez-le dans une casserole avec 110 g .... sucre, ajoutez 2 verres .... vin blanc et 7 jaunes d'œufs battus. Versez quelques gouttes .... cognac. Mettez la casserole dans le bain-marie sur feu moyen et battez au fouet constamment. La crème est prête quand elle est molle et épaisse.

Gâteau au chocolat

Les ingrédients: 125 g .... sucre
75 g .... poudre d'amandes
3 jaunes d'œufs, 1 œuf entier
100 g .... chocolat
100 g .... farine
3 blancs d'œufs battus en neige
75 g .... beurre

Travaillez bien .... sucre, ... amandes, ... jaunes d'œufs et .... œuf entier. Ajoutez .... chocolat fondu. Incorporez .... farine et .... blancs d'œufs battus en neige ferme. À la fin mélangez-y .... beurre fondu. Faites cuire au four 40 minutes environ.

COMMENT ou COMME

comment:	**1. wie?** *(in direkter Frage)*
	2. wie *(in indirekter Frage)*

Exemples:

Comment vas-tu? *(direkte Frage)* **(1)** — *Wie geht es dir?*
Je ne sais pas **comment** il est. *(indirekte Frage)* **(2)** — *Ich weiß nicht wie er ist.*

comme:	**1. wie, wie zum Beispiel, ebenso, so, sowie**
	2. wie (sehr)!
	3. da (ja)
	4. als

Exemples:

Il est tout **comme** son père. **(1)** — *Er ist genau wie sein Vater.*
Comme j'ai entendu dire, Pierre est là. **(1)** — *Wie ich gehört habe, ist P. da.*
Comme il a changé! **(2)** — *Wie hat er sich verändert!*
Comme je n'ai pas le temps,
je ne peux pas venir. **(3)** — *Da ich keine Zeit habe ...*
Elle travaille **comme** infirmière. **(4)** — *Sie arbeitet als Krankenschwester.*

À compléter:

1. Tu as fait ça .... un chef.
2. .... est-ce que tu t'appelles?
3. .... c'est beau!
4. Ce film est .... ?
5. .... Mireille est heureuse!
6. Il est venu vite .... l'éclair.
7. Je me demande .... il peut acheter deux voitures.
8. Intelligente .... elle est, elle va gagner.
9. Tu as déjà visité des villes .... Vienne ou Londres?
10. J'ai cherché mes clés en bas .... en haut.
11. .... sont les CD?
12. Philippe est .... son frère.
13. Elle veut savoir .... est l'amie de David.
14. Et moi, ... un idiot, je n'ai rien dit.
15. Tes amis sont partis ....? En voiture?

16. .... tu es belle, Marie!
17. Son visage est blanc .... neige.
18. Elle aime les friandises .... les gâteaux, les tartes, les chocolats.
19. .... est-ce que tu trouves le gâteau? – Formidable.
20. J'ai entendu un bruit .... une explosion.
21. .... est-ce qu'il a fait son devoir?
22. Faites .... vous voulez.
23. En été la ville est .... morte.
24. Elle demande .... est le livre.
25. Ils s'entendent bien .... autrefois.
26. .... ? Je n'ai pas compris.
27. Elle veut aller en vacances .... les autres.
28. Il ne comprend pas .... il faut faire.
29. .... il est malade, il reste à la maison.
30. Elle sait faire la cuisine .... sa mère.
31. .... va votre santé?
32. Elle travaille .... secrétaire.
33. .... ? Tu ne connais pas Pierre Ledoux?
34. .... ils arrivent demain, il faut acheter du champagne.
35. Regardez .... il pleut!
36. La boum est .... ? – C'est super!
37. .... amie elle est très gentille.
38. .... allez-vous?
39. C'est .... ça.
40. Je veux savoir .... il a perdu ses clés.
41. Faites .... moi!
42. .... faire? Aide-moi, s'il te plaît.
43. C'est .... vous dites.
44. .... est-ce que vous faites cela?
45. .... livres il n'a que des bandes dessinées.
46. Je ne sais pas .... l'expliquer.
47. .... il est tard, nous devons partir.
48. .... , il est encore là?
49. Il a des appartements à Vienne .... à Salzbourg.
50. .... vous voyez, elle est déjà arrivée.
51. .... le temps passe!
52. .... est-ce que tu trouves la photo de Nicole?
53. Il est en retard .... d'habitude.
54. Je ne comprends pas .... il a fait.
55. Elle est froide .... glace.
56. Je t'explique .... il faut faire.
57. .... collègue, elle est très serviable.
58. .... ça va, Pilou? – .... ci, ... ça.

LE CONDITIONNEL PRÉSENT DE POLITESSE
Das Konditional der Höflichkeit

Um eine **höfliche Bitte**, einen **Vorschlag**, einen **Wunsch**, eine **Vermutung** oder eine **Möglichkeit** auszudrücken, kann man (auch in der gesprochenen Sprache) das **Konditional** verwenden.

pouvoir	*können*	
je	**pourrais**	*ich könnte*
tu	**pourrais**	
il/elle	**pourrait**	
nous	**pourrions**	
vous	**pourriez**	
ils/elles	**pourraient**	

vouloir	*wollen*	
je	**voudrais**	*ich möchte*
tu	**voudrais**	
il/elle	**voudrait**	
nous	**voudrions**	
vous	**voudriez**	
ils/elles	**voudraient**	

devoir	*müssen*	
je	**devrais**	*ich müsste*
tu	**devrais**	
il/elle	**devrait**	
nous	**devrions**	
vous	**devriez**	
ils/elles	**devraient**	

aimer	*gern haben, möchten*	
j'	**aimerais**	*ich möchte*
tu	**aimerais**	
il/elle	**aimerait**	
nous	**aimerions**	
vous	**aimeriez**	
ils/elles	**aimeraient**	

Exemples:

Tu **pourrais** m'aider? *Könntest du mir helfen?*
Pourriez-vous me donner son adresse? *Könnten Sie mir seine Adr. geben?*

Je **voudrais** une tasse de café, s'il vous plaît. *Ich möchte bitte eine Tasse Kaffee.*
Tu **voudrais** aller au cinéma? *Möchtest du ins Kino gehen?*

Il **devrait** être à la maison. *Er müsste zu Hause sein.*
Elles **devraient** venir. *Sie müssten kommen.*

J'**aimerais** vous dire qu'il est là. *Ich möchte Ihnen sagen, dass er da ist.*
Il **aimerait** parler à Madame Sagan. *Er möchte gerne mit Frau S. sprechen.*

DEVOIR / POUVOIR / VOULOIR

Voir d'abord ☺ **I** p 44 et 86.

1. Tu .... entrer. Monsieur Leroc t'attend.
2. Luc ne .... pas sortir parce qu'il est malade.
3. Tu .... aller au ciné avec moi? – Non, je .... travailler.
4. Claire .... regarder le film avec Gérard Dépardieu.
5. Ils ont .... inviter leurs amis.
6. Tu .... lire ce livre! C'est extra!
7. Qu'est-ce qu'on .... faire maintenant? – Nous .... aller chez François, si vous ....
8. Pierre et Paul .... dormir dans la salle de séjour et Mireille, elle .... dormir dans la chambre d'amis. Vous êtes d'accord?
9. Qu'est-ce que tu .... faire après le bac?
10. Tu .... aller chez Luc avec nous? – Malheureusement je .... rester à la maison avec ma petite sœur parce que mes parents ne sont pas là. – Tu .... venir avec elle.
11. Bertrand a .... refaire son exercice. C'était nul.
12. Après le goûter on .... faire une petite promenade? – Excusez-moi, mais je ne .... pas venir avec vous, je .... faire les courses avec maman.
13. Qu'est-ce que vous .... écouter? De la musique classique? – Oui, je .... bien.
14. Tu .... passer chez nous? On .... parler de nos problèmes.
15. Elles .... passer leurs vacances en Grèce.
16. Tu .... préparer les sandwichs, si tu ....
17. Philippe ne .... pas manger à la cantine le lundi. Il n'a pas le temps.
18. Vous .... une tasse de café? – Oui, je .... bien.
19. Vous .... faire vos devoirs jusqu'à demain.
20. Est-ce que tu .... faire la réservation des places?
21. Nicole ne .... pas manger à la cantine, elle préfère la cuisine de sa mère.
22. Est-ce qu'ils ont .... venir? – Non, leur train était en retard.
23. Vous .... prendre le petit déjeuner avec nous.
24. J'ai .... les aider.
25. Nous ne .... plus attendre. On .... partir.
26. Le petit Nicolas a .... ouvrir ses paquets tout de suite.
27. Ils n'ont pas .... travailler à cause du bruit.
28. Vous .... poser des questions maintenant si vous ....
29. Nous n'avons pas .... téléphoner. C'était trop tard.
30. Vous .... écrire la lettre maintenant!

L'ADJECTIF

Voir d'abord ☺ **I** p 51-54.

1. An das **männliche** Adjektiv wird für die **weibliche** Form ein **-e** angehängt. (Voir aussi ☺ **I** p 51/1)

Singular		***Plural***
seul (m)	*allein*	seul**s** (m)
seul**e** (f)		seul**es** (f)

De même *(ebenso)*:

anglais	*englisch*	adoré	*bewundert*
bavard	*geschwätzig*	ajouté	*hinzugefügt*
brillant	*glänzend, glanzvoll*	blessé	*verletzt*
chaud	*warm, heiß*	désolé	*betrübt*
charmant	*charmant*	divorcé	*geschieden*
chinois	*chinesisch*	fermé	*geschlossen*
clair	*hell, klar*	fourré	*gefüllt*
content	*zufrieden*	gêné	*verlegen*
droit	*rechts*	occupé	*besetzt; beschäftigt*
froid	*kalt*	oublié	*vergessen*
important	*wichtig*	sucré	*gezuckert*
inconvenant	*unanständig*	attendu	*erwartet*
insuffisant	*ungenügend*	connu	*bekannt*
mauvais	*schlecht*	pendu	*aufgehängt*
méchant	*böse, schlimm*	perdu	*verloren*
mort	*tot*	commis	*verübt; beauftragt*
né	*geboren*	compris	*verstanden*
plein	*voll, ganz*	choisi	*ausgewählt*
surpris	*überrascht*	fini	*beendet*
sûr	*sicher*	écrit	*geschrieben*
vantard	*angeberisch*	découvert	*entdeckt*
vrai	*wahr*	offert	*angeboten*

2. Manche Adjektive haben für **männlich und weiblich dieselbe Form**.
Sie hängen an den Plural ein **-s.** (Voir aussi ☺ **I** p 53/6)

Singular		***Plural***
sévère (m)	*streng*	sévère**s** (m)
sévère (f)		sévère**s** (f)

De même *(ebenso)*:

agréable	*angenehm*	magique	*magisch*
catholique	*katholisch*	moderne	*modern*
facile	*leicht*	problématique	*problematisch*
fantastique	*fantastisch*	socialiste	*sozialistisch*
formidable	*toll*	sociable	*gesellig*
gauche	*linke/-r/-s*	timide	*schüchtern*
grave	*schwerwiegend*	utile	*nützlich*
incontestable	*unbestritten*	deuxième	*der/die/das Zweite*
inutile	*unnötig*	troisième	*der/die/das Dritte*
juste	*gerecht; richtig*	quatrième	*der/die/das Vierte*

3. Die **männliche** Endung **-f** wird **in -ve verwandelt**.

Singular		***Plural***
Il est vi**f**. (m)	*lebhaft*	Ils sont vi**fs**. (m)
Elle est vi**ve**. (f)		Elles sont vi**ves**. (f)

De même *(ebenso)*:

acti**f**	acti**ve**	*aktiv*
attenti**f**	attenti**ve**	*aufmerksam*
constructi**f**	constructi**ve**	*kreativ, schöpferisch*
excessi**f**	excessi**ve**	*unmäßig, übertrieben*
sporti**f**	sporti**ve**	*sportlich*
neu**f**	neu**ve**	*(brand)neu, neuwertig*
jui**f**	jui**ve**	*jüdisch*
veu**f**	veu**ve**	*verwitwet*

Ausnahme: bref brève *kurz*

4. In der **weiblichen Form** wird zusätzlich der **Konsonant verdoppelt**.
(Voir aussi ☺ **I** p 52/4)

Singular		***Plural***	
le front bas (m)	*niedrig, flach,*	des sentiments bas (m)	*niederträchtig*
la vue bas**se** (f)	*kurzsichtig*	les branches bas**ses** (f)	*tiefhängend*

De même:

net	net**te**	*rein, klar, deutlich*
sot	sot**te**	*dumm*
cadet	cadet**te**	*jünger*
chrétien	chrétien**ne**	*christlich*
coquet	coquet**te**	*eitel, kokett, hübsch*
italien	italien**ne**	*italienisch*
muet	muet**te**	*stumm*
épais	épais**se**	*dick, zäh*
exceptionnel	exceptionnel**le**	*einmalig, außergewöhnlich*
réel	réel**le**	*wirklich, real*

5. In der **weiblichen Form** wird **-c** zu **-que**.

Singular		***Plural***
publi**c** (m)	*öffentlich*	publi**cs** (m)
publi**que** (f)		publi**ques** (f)

De même:

tur**c**	tur**que**	*türkisch*

Ausnahmen:			
	gre**c**	gre**cque**	*griechisch*
	se**c**	s**è**che	*trocken*
	blan**c**	blan**che**	*weiß*
	fran**c**	fran**che**	*offen*

6. Die **männliche Endung -x** wird in der **weiblichen Form** zu **-se.**

Singular		***Plural***
un garçon heureu**x** (m)	*glücklich*	des garçons heureu**x** (m)
une fille heureu**se** (f)		des filles heureu**ses** (f)

De même:

affreu**x**	affreu**se**	*schrecklich*
courageu**x**	courageu**se**	*mutig*
consciencieu**x**	consciencieu**se**	*gewissenhaft, sorgfältig*
ennuyeu**x**	ennuyeu**se**	*langweilig*
furieu**x**	furieu**se**	*wütend*
généreu**x**	généreu**se**	*großzügig*
jalou**x**	jalou**se**	*eifersüchtig*
joyeu**x**	joyeu**se**	*lustig, fröhlich, freudig*
merveilleu**x**	merveilleu**se**	*großartig*
nerveu**x**	nerveu**se**	*nervös*
peureu**x**	peureu**se**	*ängstlich*
précieu**x**	précieu**se**	*wertvoll*
sérieu**x**	sérieu**se**	*ernst, gewissenhaft, zuverlässig*
studieu**x**	studieu**se**	*fleißig*

Ausnahmen:	dou**x**	dou**ce**	*sanft, süß*
	rou**x**	rou**sse**	*fuchsrot*
	fau**x**	fau**sse**	*falsch*

7. Die **männliche Endung -eur** wird in der **weiblichen Form** zu **-euse.**

Singular		***Plural***
tromp**eur** (m)	*trügerisch*	tromp**eurs** (m)
tromp**euse** (f)		tromp**euses** (f)

De même:

invent**eur**	invent**euse**	*erfinderisch*
ment**eur**	ment**euse**	*lügnerisch*
moqu**eur**	moqu**euse**	*spöttisch*
querell**eur**	querell**euse**	*streitsüchtig*
ri**eur**	ri**euse**	*lustig, fröhlich, lachend*

8. Die **männliche Endung -eur** wird in der **weiblichen Form** zu **-eure**.

Singular		*Plural*	
meill**eur** (m)	*bester*	meill**eurs** (m)	*beste*
meill**eure** (f)	*beste*	meill**eures** (f)	*beste*

De même:

extéri**eur**	extéri**eure**	*äußere/-r/-s*
inféri**eur**	inféri**eure**	*geringer, unterlegen*
intéri**eur**	intéri**eure**	*innere/-r/-s*
maj**eur**	maj**eure**	*volljährig*
min**eur**	min**eure**	*minderjährig*
postéri**eur**	postéri**eure**	*spätere/-r/-s*
supéri**eur**	supéri**eure**	*überlegen*

9. Die **männliche Endung -teur** wird in der **weiblichen Form** zu **-trice**.

Singular		*Plural*
consola**teur** (m)	*tröstend*	consola**teurs** (m)
consola**trice** (f)		consola**trices** (f)

De même:

destruc**teur**	destruc**trice**	*zerstörerisch*
construc**teur**	construc**trice**	*schöpferisch*
créa**teur**	créa**trice**	*schöpferisch*
mo**teur**	mo**trice**	*antreibend*

10. Die **männliche Endung -eur** wird in d. **weiblichen Form** zu **-eresse**.

Singular		*Plural*
enchant**eur** (m)	*bezaubernd*	enchant**eurs** (m)
enchant**eresse** (f)		enchant**eresses** (f)

De même:

péch**eur**	péch**eresse**	*sündhaft*
veng**eur**	veng**eresse**	*rächend*

11. Das Adjektiv hat eine **zweite männliche Form**, vor Wörtern, die mit **Vokal** oder ***h muet*** beginnen: (voir aussi ☺ **I,** p 54 /7; ☺ **II,** p 48)

Singular		**Plural**
fou (m)	*verrückt*	fou**s** (m)
fol (m+Vokal)		fou**s** (m)
fol (m+h)		
folle (f)		foll**es** (f)

De même:

mou / mol	**molle**	*weich*

12. Adjektive auf **-al** haben in der **männlichen Pluralform** meist **-aux**.

Singular	**Plural**
amic**al** (m)	amic**aux** (m)
amic**ale** (f)	amic**ales** (f)

De même:

ég**al**	ég**aux**	*gleich*
loy**al**	loy**aux**	*loyal, treu*
ordin**al**	ordin**aux**	*Ordinal-*
origin**al**	origin**aux**	*original; originell*
soci**al**	soci**aux**	*sozial*

Ausnahmen:	ban**al**	ban**als**	*banal, gewöhnlich*
	fin**al**	fin**als**	*abschließend*

13. Weitere **Sonderformen**:

malin	mali**g**ne	*boshaft, bösartig*
bénin	béni**g**ne	*gutartig, harmlos*
favori	favori**te**	*Lieblings-*
long	long**ue**	*lang*
frais	fra**îche**	*frisch*

METS L'ADJECTIF CORRECT

1. Au ciné on passe un .... (neu) film avec Ornella Muti.
2. Monique! C'est une .... surprise (freudig)!
3. J'ai besoin de deux cahiers .... (neu).
4. Nous sommes en .... (fröhlich) compagnie.
5. Son travail est .... (gewissenhaft).
6. Sophie est .... (verrückt) de douleur.
7. Il a de .... (klein) problèmes d'argent.
8. Faisons encore un .... (neu) exemple.
9. Claire et Barbara sont un peu .... (schüchtern) mais très .... (charmant).
10. Sa chambre est .... (voll) de fleurs.
11. Nathalie est trop .... (eifersüchtig) et .... (eitel).
12. Colette est .... (verletzt).
13. Regarde, ils sont complètement .... (verrückt)!
14. Julie joue un rôle .... (stumm) au théâtre.
15. Sa situation n'est pas très .... (angenehm).
16. .... (gut) appétit!
17. Les filles sont .... (stumm) d'admiration.
18. Pauline est en .... (in Hochform) forme.
19. Sa .... (beste) amie s'appelle Lucienne.
20. .... (fröhlich) Pâques!
21. Naomi est très .... (glücklich) et .... (zufrieden).
22. Richard prend la vie du .... (gut) côté.
23. Quel .... (verrückt, aussichtslos) espoir!
24. Mon .... (neu) ordinateur est .... (toll).
25. Les filles sont .... (voll) d'idées.
26. Attention! Elle est .... (verrückt) de colère.
27. Cette histoire est .... (schrecklich).
28. Sa participation en maths est .... (gewissenhaft).
29. Diane est .... (stumm) de naissance.
30. Ne me dérange pas. Je fais des travaux .... (schwierig).
31. Les .... (klein) garçons sont .... (verrückt) de joie.
32. .... (fröhlich) fête!
33. Mireille est .... (artig) comme une image.
34. Monsieur Bertrand et Monsieur Gaston sont des hommes .... (loyal, verlässlich).
35. Notre .... (neu) prof d'allemand est .... (streng).
36. Ma grand-mère est encore très .... (aktiv).
37. Range le désordre .... (schrecklich) dans ta chambre.
38. Florent, ne dis pas de choses .... (schrecklich) comme ça!

39. Elle a déjà rencontré des .... (jung) gens ....
.... (originell).
40. Colette est .... (geboren) en 1999.
41. Fabienne est une élève très .... (geschwätzig).
42. Tu as des idées .... (originell).
43. Sébastien a de très .... (gut) notes à l'école.
44. .... (lieb) Barbara! Mes .... (beste) vœux pour une .... (gut) et très .... (glücklich) année!
45. Je ne peux pas porter ma .... (schwer) valise.
46. La question est trop .... (schwierig) pour eux.
47. Elle préfère travailler .... (allein).
48. Manuel a un .... (schwerwiegend) problème à la maison.
49. Madame Chantal est une femme médecin très .... (bekannt).
50. Julie est .... (sportlich) et très .... (aktiv).
51. Ma chatte est trop .... (dick).
52. Le professeur Béart a des élèves .... (problematisch).
53. La limonade est trop .... (heiß).
54. Monsieur Poulot a eu un accident .... (schwer).
55. Philippe est .... (katholisch) et Sarah est ....
.... (jüdisch).
56. Mon café est trop .... (gezuckert).
57. Madame Lafontaine est .... (verwitwet).
58. Valérie est une fille .... (eifrig).
59. J'ai besoin d'une tranche de jambon .... (dick) de 1 cm.
60. Le potage est trop .... (gesalzen).
61. Sylvie est vraiment .... (mutig) et .... (offen).
62. Aline a une chatte .... (fuchsrot).
63. Ton idée est .... (außergewöhnlich), Bertrand.
64. Ta robe est trop .... (lang) à mon avis.
65. Melina est une femme .... (griechisch) aux cheveux .... (schwarz) et aux yeux .... (braun).
66. Voilà, c'est notre .... (neu) maison.
67. Tu es .... (verrückt), Naomi?
68. Il m'a fait un cadeau .... (wertvoll).
69. Achète encore du fromage à pâte .... (weich).
70. Ils ont un .... (neu) hôpital à St.André.
71. J'ai rencontré une fille vraiment .... (dumm).
72. Son histoire semble .... (real).
73. Pierre est dans une école .... (öffentlich).
74. Maman, les nappes sont .... (trocken).
75. La règle n'est pas .... (leicht) à comprendre.
76. La sauce est un peu .... (dick) et .... (fettig).

77. Nicole est une .... (jung) fille .... (großartig), ... (sanft), ... (fleißig) et .... (großzügig).
78. Lis mon horoscope .... (schrecklich).
79. Elle m'a montré sa jupe .... (neu).
80. Tu peux porter la .... (groß) valise?
81. C'est Sophie, ma sœur .... (jünger).
82. Elle est .... (voll) de .... (gut) intentions.
83. Anne est .... (müde) de son travail .... (langweilig).
84. Elle est vraiment .... (betrübt).
85. Regarde, c'est notre .... (neu) élève. Il s'appelle Marc.
86. Elle est .... (verrückt) de joie.
87. Nos .... (neu) profs sont .... (fantastisch), mais très .... (streng).
88. J'aime beaucoup les plats .... (chinesisch).
89. C'est une actrice très .... (bekannt).
90. Son histoire est .... (wahr)?
91. Ta lettre est .... (kurz), Dominique.
92. Grand-mère a la vue .... (kurzsichtig).
93. On prépare une salade .... (griechisch)?
94. Les deux filles sont .... (falsch), ... (streitsüchtig) ct .... (lügnerisch).
95. C'est Aline, une de mes .... (beste) amies.
96. C'est son .... (vierter) accident.
97. Chantal est un peu .... (verlegen).
98. Il a trouvé ses clés dans la poche .... (Innen-) de son manteau.
99. La tarte aux prunes est trop peu .... (gezuckert).
100. La recette de la salade est .... (gut).
101. La crème est .... (weich).
102. Elle est .... (unterlegen) à sa sœur .... (volljährig).
103. Merci pour tes paroles .... (tröstend).
104. Bravo! C'est une idée .... (schöpferisch)!
105. Nos relations sont .... (freundschaftlich).
106. L'histoire est bien .... (banal) et les caractères sont .... (banal) aussi.
107. Regarde! Il y a de la neige .... (frisch).
108. Catherine Deneuve est son actrice .... (Lieblings-).
109. Son amie est .... (bezaubernd).
110. Heureusement sa tumeur est .... (gutartig), mais pas .... (bösartig).
111. Elle a les cheveux .... (hell) et les yeux .... (grün).

LA PLACE DE L'ADJECTIF

Für die Formen der Adjektive siehe zuerst: ☺ **I** p 51-54, ☺ **II** p 39-44

1. VOR dem Nomen stehen für gewöhnlich:

beau	*schön*	**haut**	*hoch*	**meilleur**	*besser*
bon	*gut*	**jeune**	*jung*	**nouveau**	*neu*
cher	*teuer, lieb*	**joli**	*nett, lieb*	**petit**	*klein*
faux	*falsch*	**long**	*lang*	**saint**	*heilig*
grand	*groß*	**lourd**	*schwer*	**vieux**	*alt*
gros	*dick, massig, groß*	**mauvais**	*schlecht*	**vrai**	*wahr*
fou/fol*	*verrückt*	**plein***	*voll*	**joyeux***	*fröhlich*

* **Diese Adjektive** stehen **nur in bestimmten Wendungen vor** dem Nomen:

un **fou** rire	*Lachanfall*
un **fol** espoir	*aussichtslose Hoffnung*
une **folle** gaieté	*ausgelassene Fröhlichkeit*
une **folle** idée	*verrückte Idee*
un **plein** succès	*ein voller Erfolg*
en **plein** été	*im Hochsommer*
en **plein** hiver	*im tiefsten Winter*
en **plein** jour	*am helllichten Tag*
en **plein** soleil	*in der prallen Sonne*
travailler à **plein** temps	*ganztägig arbeiten*
Joyeux Noël!	*Fröhliche Weihnachten!*
Joyeuses Pâques!	*Frohe Ostern!*

Merke:	la **première** fois	*das erste / zum ersten Mal*
	la **dernière** fois	*das letzte / zum letzten Mal*
	une **immense** foule	*eine immense Menschenmenge (Voranstellung zur besonderen Beton.)*
	d'**excellents** élèves	*exzellente Schüler (besondere Beton.) (voir aussi p 18/5 Merke)*
	une **énorme** somme	*eine enorme Summe (besondere Beton.)*

Achtung:	bei **gens (<u>m</u>, Pl)** steht ein **vorangehendes** Adjektiv in der **weiblichen** Form Plural!	
	des **jeunes** gens	*junge Leute*
	les **petites** gens	*die kleinen Leute*
	les **vieilles** gens	*die alten Leute*
	des **pauvres** gens	*arme Leute*
	des **bonnes** gens	*gute Leute*

2. <u>NACH</u> dem Nomen stehen meistens:

bleu, rouge, vert ...	*Farben*
allemand, arabe, autrichien, chinois, grec, français, italien, suisse ...	*Nationalitäten*
parisien, viennois *(wienerisch)*, **breton** *(bretonisch)*...	*Adjektive, die aus einem Eigennamen gebildet werden*
communiste, socialiste protestant, catholique ...	*politische / religiöse Gesinnungen*
rond, oval, carré *(viereckig)*, **lourd*** *(schwer)*, **neuf** *(brandneu, neuwertig)*, **malade** *(krank)*, **sec** *(trocken)*, **humide** *(feucht, nass)*, **sale** *(schmutzig)*, **laid** *(hässlich)*, **chaud** *(warm, heiß)*, **froid** *(kalt)*, **calme** *(ruhig)*, **moderne, drôle** *(drollig, lustig)*, **bizarre, chouette** *(lieb, nett)*, **charmant, libre** *(frei)*, **heureux** *(glücklich)*, **amical** *(freundschaftlich)*, **loyal** *(treu, loyal)*, **sensible** *(empfindlich, sensibel)*, **agréable** *(angenehm)*, **droit** *(rechte/-r/-s)*, **gauche** *(linke/-r/-s)*, **fou****(verrückt)* **...** *(* voir aussi p 48/1)*	*körperliche / geistige Eigenschaften*

intéressant, formidable, super, terrible, triste, sympathique, sympa, intelligent, gigantesque, élégant, difficile, insuffisant, agréable *(angenehm)*, **original** *(originell, original)* ...	*mehrsilbige Adjektive*
blessé *(verletzt)*, **bloqué** *(blockiert)*, **caché** *(versteckt)*, **changé** *(verändert)*, **dessiné** *(gezeichnet)*, **déchiré** *(zerrissen)*, **occupé** *(besetzt, beschäftigt)*, **préféré** *(Lieblings-)*, **usé** *(abgenutzt)*, **découvert** *(entdeckt)*, **offert** *(angeboten)*, **mort** *(gestorben)*, **choisi** *(ausgewählt)*, **commis** *(begangen)*, **compris** *(verstanden)*, **pris** *(genommen)*, **connu** *(bekannt)*, **perdu** *(verloren)* ...	*Partizipien*

LA PLACE DE L'ADJECTIF

1. Marie a fait de .... efforts .... (grand) en français.
2. Son frère aussi est un .... élève .... (bon).
3. Sa sœur est une .... fille .... (intelligent).
4. Raconte-nous encore une .... histoire .... (intéressant).
5. Je cherche ma .... robe .... (nouveau / blanc).
6. Il mange un .... sandwich .... (formidable) avec de la .... salade .... (vert).
7. Tiens, Nicole a acheté une .... voiture .... (petit / rouge).
8. Fabien apprend un .... métier .... (intéressant).
9. Nous avons dessiné une .... image .... (grand / bleu).
10. Dans son .... appartement .... (nouveau) il y a des .... meubles .... (blanc et noir).
11. Tu as déjà vu ses .... photos .... (original)?
12. Mais il fait aussi des .... films .... (original).
13. Sophie a toujours des .... idées .... (bon). – Oui, et des .... idées .... (très intelligent).
14. François a un .... problème .... avec son père (sérieux).
15. Elle a fait une .... bande dessinée .... (drôle).
16. La classe de Robert a organisé une .... fête .... (super).
17. On fait une .... promenade .... (petit) par ce .... temps .... (beau).
18. Je prends un verre de .... jus .... (froid).
19. Je n'aime pas le .... coca .... (chaud).
20. Jacques est un .... garçon .... (grand / très sympathique).
21. Les élèves ont fait un .... reportage .... (très intéressant) sur les .... problèmes .... (sérieux) de la jeunesse d'aujourd'hui.
22. Madame Lefèvre est une .... dame .... (gros / sympa).
23. Tu as vu la .... fille .... (brun)?
24. Nathalie est une .... fille .... (jeune / allemand).
25. Voilà ma .... correspondante .... (français).
26. J'aime bien les .... pâtes .... (italien).
27. Papa a acheté une .... armoire .... (grand / marron).
28. Julie est une .... fille .... (petit / calme et timide).
29. Luc et Robert sont des .... jeunes hommes .... (sportif).
30. Yves a un .... travail .... (intéressant).
31. Bravo! Tu as fait un .... choix .... (bon).
32. J'aime beaucoup mon .... vélo .... (rouge).
33. La mère de Marc est une .... femme .... (très sportif).

34. Nous avons mangé de la .... crème .... (délicieux).
35. Il écoute toujours de la .... musique .... (fort).
36. Il a fait un .... choix .... (mauvais).
37. Papa a préparé un .... dîner .... (délicieux).
38. Antoine, c'est un .... homme .... (jeune / sympa) de trente ans.
39. Sylvie est une jeune .... fille .... (autrichien).
40. Il doit chercher un .... travail .... (sérieux).
41. Pilou et Simone ont de .... problèmes .... (gros) avec leur .... maison .... (nouveau).
42. Pascale, c'est la .... fille .... (blond) là-bas.
43. Tu me donnes la .... figurine .... (carré)?
44. Tu as acheté le .... pull-over .... (bleu)?
45. Voilà ma .... amie .... (cher).
46. C'est la .... fois .... (premier) qu'il vient me voir.
47. La .... fois .... (dernier) il est resté une heure.
48. Nous avons vu un .... film .... (affreux).
49. Monique a fait un .... dessin .... (bizarre).
50. Tu connais Marie? – Oui, c'est la .... fille .... (chouette) qui habite dans la .... maison .... (moderne) près du parc.
51. J'ai lu un .... livre .... (triste).
52. C'est la .... fois .... (dernier) qu'elle part seule.
53. Son .... livre .... (préféré), c'est *Le Petit Nicolas*.
54. Ils ont un .... jardin .... (beau) avec de .... fleurs .... (beau).
55. Pierre a trouvé de .... amis .... (nouveau) et de .... amies .... (nouveau).
56. Barbara a les .... yeux .... (bleu).
57. Nous avons joué des .... jeux .... (intéressant).
58. Pilou est un .... enfant .... (malade et timide).
59. Tu as déjà entendu cette .... histoire .... (amusant)?
60. Madame Lefour est une .... femme .... (vieux) de 80 ans.
61. Tu as une .... robe .... (joli), Béatrice!
62. Mon Dieu! Il a un .... chien .... (gros).
63. Mets ton .... manteau .... (gris). Il fait froid.
64. Il a fait un .... voyage .... (long) avec sa .... sœur .... (petit).
65. Vous connaissez ce .... monsieur .... (gros) là-bas, qui parle à la .... fille .... (noir)?
66. Dans notre jardin il y a un .... arbre .... (grand).
67. Luc apprend la .... langue .... (allemand).
68. C'est une .... femme .... (beau).

69. Mon amie a une .... chatte .... (gros / noir).
70. Il faut s'occuper des .... gens .... (vieux).
71. C'est vraiment une .... surprise .... (bon).
72. Roger a un .... regard .... (fou).
73. Elle a les .... yeux .... (brun) et
un .... nez .... (petit).
74. .... bises .... (gros) à tante Henriette!
75. Regarde la .... fleur .... (beau)!
76. Nous avons mangé dans un .... restaurant .... (formidable).
77. C'est une .... nouvelle .... (joyeux)!
78. Cherchons une .... place .... (meilleur).
79. Elle est toujours de .... humeur .... (bon).
80. C'est une .... occasion .... (exceptionnel).
81. Au ciné on passe un .... film .... (nouveau) avec Mel Gibson.
82. On ne parle pas la .... bouche .... (plein).
83. Quelle .... idée .... (fou)!
84. On est monté sur la .... tour .... (haut).
85. C'est la .... (premier) .... fois que je l'ai rencontré.
86. J'aime les .... films .... (muet) avec Charlie Chaplin.
87. Sa .... amie .... (meilleur) s'appelle Thérèse.
88. Monsieur Laurent a une .... femme .... (merveilleux).
89. Bertrand, c'est mon .... ami .... (nouveau).
90. Maurice a de .... problèmes .... (gros) avec ses parents.
91. Elle a une .... robe .... (beau / noir) pour le bal.
92. C'était un .... séjour .... (amusant et agréable).
93. Florence a un .... rire .... (fou).
94. J'ai besoin d'une nappe pour la .... table .... (rond).
95. Mon .... ordinateur .... (nouveau) est extra!
96. Son père est toujours de .... humeur .... (mauvais).
97. À l'école il y a une .... élève .... (nouveau).
98. Voilà Maxime, mon .... ami .... (meilleur).
99. Monsieur Duchamps a une .... voix .... (agréable).
100. Regarde le .... chien .... (gros).
101. Véronique, sa .... amie .... (nouveau), est très charmante.
102. Quelle .... surprise .... (joyeux)!
103. C'est une .... histoire .... (intéressant).
104. Pascal a déjà fait un .... effort .... (petit) en allemand.
105. .... anniversaire .... (bon), Nathalie!
106. Claudia est une .... fille .... (jeune / italien).
107. C'est la .... fois .... (dernier) que je l'ai invité!
108. Tu peux porter la .... valise .... (gros)?
109. Monsieur Chantal est un .... ami .... (vieux) de mon père.
110. Nadine a rencontré un .... homme .... (beau).

111. Maman a acheté du .... fromage .... (mou).
112. C'est la .... fois .... (premier) qu'il est malade.
113. Dans notre classe il y a aussi trois .... élèves .... (protestant).
114. Voilà mes .... chaussures .... (nouveau / noir).
115. Le gangster porte une .... barbe .... (faux) et il a un .... passeport .... (faux).
116. Notre match, c'est un .... match .... (gagné).
117. Elle a une .... bicyclette .... (vieux).
118. Sa .... main .... (droit) est blessée.
119. L'allemand est une .... langue .... (difficile).
120. J'adore le .... fromage .... (suisse).
121. Elle m'a donné une .... information .... (intéressant).
122. La .... Sophie .... (petit) a déchiré mon .... livre .... (neuf).
123. Papa fait un .... voyage .... (long) avec ses .... camarades .... (vieux) d'école.
124. Ils ont payé une .... somme .... (énorme) pour leur maison.
125. Il y a deux .... arbres .... (gros) dans notre jardin.
126. Cherchez la .... fève .... (petit) dans la tarte.
127. Elle a mangé une .... tranche .... (épais) comme ça!
128. Ne mets pas ton .... pantalon .... (déchiré).
129. Elle porte un .... sac .... (lourd).
130. Sa .... soupe .... (préféré), c'est la soupe à l'oignon.
131. Nos .... vœux .... (meilleur) pour le .... an .... (nouveau)!
132. C'est la .... Catherine .... (saint) aujourd'hui.
133. Elle a passé une .... nuit .... (mauvais).
134. Monsieur Fabien, c'est un .... ami .... (vieux) de la maison.
135. Son .... livre .... (nouveau) est un .... succès .... (plein).
136. Marina porte un .... diamant .... (faux).
137. Aujourd'hui on prépare une .... escalope .... (viennois).
138. Notre grand-mère nous a donné une .... boîte .... (plein) de bonbons.
139. Madame Ledoux est une .... femme .... (actif).
140. Calme-toi! C'est une .... alarme .... (faux).
141. Bois ta .... limonade .... (chaud).
142. On va au .... restaurant .... (grec)?
143. Nettoie tes .... chaussures .... (sale).
144. Elle a porté une .... robe .... (long), un .... masque .... (noir) et des .... cheveux .... (faux).

L'ORDRE DES MOTS AVEC LE PASSÉ COMPOSÉ
Wortstellung beim passé composé

1. Die **Verneinung umschließt** das konjugierte Verb ***être*** und ***avoir***.

Exemples:

Pierre	**n'** est	**pas**	venu.
Marie	**n'** est	**plus**	allée au cinéma hier soir.
Elle	**n'** a	**pas**	acheté de pommes.
Paul	**n'** a	**plus**	attendu.
Elle	**n'** a	**rien**	vu.
Ils	**n'** ont	**jamais**	bu d'alcool.
Maman	**n'** a	**pas encore**	trouvé sa clé.
Il	**n'**y a	**plus**	de pommes à la maison.

Achtung: Il **n'**a vu **personne**.
On **n'**a entendu **personne**.
Elle **n'**a parlé à **personne**.

Personne steht **hinter** dem **Partizip Perfekt**.

2. Die **Ortsadverbien**, die **bestimmten Zeitadverbien** und ***tôt, tard*** stehen **hinter** dem **Partizip Perfekt**.

Exemples:

Il a cherché ***partout***. *(überall)*
Ils ont joué ***dehors***. *(draußen)*
Nous avons préféré rester ***dedans***. *(drinnen)*
Elle a trouvé son sac ***là-bas***. *(dort, da drüben, da hinten)*
Il a été ***ici***. *(hier)*
Elle a habité ***ailleurs***. *(anderswo)*
Maman est venue ***hier***. *(gestern)*
Elles sont venues ***aujourd'hui***. *(heute)*
Il est arrivé ***assez tôt***. *(ziemlich früh)*
Elle est rentrée ***tard***. *(spät)*
Le train est arrivé à la gare ***trop tard***. *(zu spät)*

3. Folgende **Adverbien** treten meist **vor** das **Partizip Perfekt**.

Exemples:

Marie a	***souvent***	**écrit** une lettre à sa grand-mère.	*(oft)*
Il est	***rarement***	**venu** nous voir.	*(selten)*
Il a	***quelquefois***	**écrit**.	*(manchmal)*
J'ai	***longtemps***	**habité** à Paris.	*(lange)*
Pierre a	***beaucoup***	**travaillé** pendant les vacances.	*(viel)*
J'ai	***trop***	**mangé** au dîner.	*(zu viel)*
Yves a	***beaucoup trop***	**bu**.	*(viel zu viel)*
Tu as	***trop peu***	**travaillé**.	*(zu wenig)*
Elle n'a pas	***bien***	**chanté**.	*(gut)*
Tu as	***assez***	**regardé** la télé.	*(genug)*
Il a	***toujours***	**fait** ses devoirs.	*(immer)*
Elle a	***déjà***	**préparé** le goûter.	*(schon)*
Je **n'**ai **pas**	***encore***	**trouvé** mon livre.	*(noch nicht)*
Il a	***peu***	**mangé**.	*(wenig)*
J'ai	***mal***	**compris**.	*(schlecht)*
Elle a	***bien***	**travaillé**.	*(gut)*
Pierre a	***tout***	**vu**.	*(alles)*
Il a	***même***	**mangé** mon gâteau.	*(selbst, sogar)*
Il a été	***grièvement***	**blessé**.	*(schwer)*

METS AU PASSÉ COMPOSÉ ET PLACE CORRECTEMENT LES ADVERBES

1. Nous voyons ce film. (déjà)
2. Il regarde la télé pendant les vacances. (souvent)
3. Il attend son amie devant le cinéma. (toujours)
4. Est-ce que ton oncle écrit une lettre? (déjà)
5. Elle cherche son livre. (ne pas encore)
6. Elles vont au restaurant. (souvent)
7. Tu lis le magazine? (déjà)
8. Ils font leurs exercices. (ne pas encore)
9. Les visiteurs boivent. (trop)
10. Est-ce que tu téléphones à Bertrand? (déjà)
11. Les élèves posent des questions. (souvent)
12. Les enfants regardent la télé. (trop)
13. Elle ne voit personne.
14. Ils aiment l'exposition sur Picasso. (beaucoup)
15. Monsieur Bertin cherche sa voiture. (partout)
16. Vous prenez votre goûter? (déjà)
17. Nous faisons une promenade. (dehors)
18. Les élèves travaillent. (bien)
19. Vous rangez vos chambres, les enfants? (déjà)
20. Il oublie son devoir. (encore)
21. Thérèse vient. (hier)
22. Pierre trouve sa clé. (là-bas)
23. Nadine travaille le lundi. (trop peu)
24. Ils partent. (déjà)
25. Elle arrive chez sa grand-mère. (assez tôt)
26. Elle va au Portugal? (déjà)
27. Elles montent sur un arbre. (souvent)
28. Maman va au marché. (toujours)
29. Nous n'entendons personne.
30. Maman arrive. (trop tard)
31. Sylvie ne parle à personne.
32. Alain a travaillé pendant les vacances. (beaucoup)
33. Pilou téléphone à sa cousine. (quelquefois)
34. Grand-père comprend. (mal)
35. Fabienne écrit une lettre. (rarement)
36. Papa vient. (aujourd'hui)
37. Tu bois mon café. (même)
38. Je dors. (bien)
39. Luc boit. (beaucoup trop)

METS AU PASSÉ COMPOSÉ ET À LA FORME NÉGATIVE

Voir d'abord ☺ **I** pages 58/59 et ☺ **I** pages 86/87.

1. Nous choisissons un sandwich au jambon. *(nicht, kein)*
2. Bertrand fait ses devoirs. *(nie)*
3. Barbara écoute le CD de Kaas. *(kaum)*
4. Madame Leclerc trouve sa clé. *(nicht mehr)*
5. Valérie montre son devoir au prof de français. *(nicht)*
6. Monsieur Dupuis habite à Lille. *(nie)*
7. Il boit beaucoup. *(nicht)*
8. Elle dort toujours. *(nicht)*
9. Il cherche partout. *(nicht)*
10. Je vois quelqu'un. *(niemanden)*
11. Elle parle à son père. *(nicht)*
12. Les visiteurs attendent à la gare. *(nicht mehr)*
13. Pierre et Jacques voient quelqu'un dans le parc. *(niemanden)*
14. Le train arrive trop tard. *(nicht)*
15. Nos correspondantes viennent aujourd'hui. *(nicht)*
16. Maman achète quelque chose. *(nichts)*
17. Il écrit des lettres. (nie)
18. Fabienne travaille pendant les vacances. *(nicht viel)*
19. Les élèves finissent leur interview. *(noch nicht)*
20. Marie sort avec Pilou. *(nicht mehr)*
21. Le bébé dort. *(kaum)*
22. Ils ont faim. *(nie)*
23. Monsieur Bazin fume la pipe. *(nie)*
24. Nicolas travaille pour son examen. *(nicht genug)*
25. Les enfants entendent quelqu'un à la porte. *(niemanden)*
26. Papa prépare le goûter. *(noch nicht)*
27. Sophie passe l'aspirateur. *(nie)*
28. Elle sait quelque chose. *(nichts)*
29. Mes grands-parents peuvent venir nous voir. *(nicht)*
30. Michèle finit ses études. *(noch nicht)*
31. Madame Croisset prend des éclairs. *(nicht)*
32. Maman trouve une robe bleue. *(noch nicht)*
33. Sylvie travaille bien. *(nicht)*
34. Elle invite des copains. *(nie)*
35. Jacques aime beaucoup le fromage. *(nicht)*
36. Les enfants mangent beaucoup. *(nicht viel)*
37. Nathalie fait des bêtises. *(nicht mehr)*
38. Elle chante bien. *(nicht)*

CHOISIR / OUVRIR / CONNAÎTRE / PLAIRE

choisir *(auswählen)*

je	choisi**s**
tu	choisi**s**
il/elle/on	choisi**t**
nous	choisi**ssons**
vous	choisi**ssez**
ils/elles	choisi**ssent**

Choisis!
Choisissons!
Choisissez!

Participe passé: **choisi**

<u>De même:</u> *(ebenso:)*
bâtir *(bauen)*
réfléchir *(überlegen)*
réussir *(Erfolg haben,gelingen)*
finir *(beenden; voir* p 1*)*
grandir *(vergrößern, wachsen)*

ouvrir *(öffnen)*

j'	ouvr**e**
tu	ouvr**es**
il/elle/on	ouvr**e**
nous	ouvr**ons**
vous	ouvr**ez**
ils/elles	ouvr**ent**

Ouvre!
Ouvrons!
Ouvrez!

Participe passé: **ouvert**

<u>De même:</u> *(ebenso:)*
découvrir *(entdecken)*
offrir *(anbieten; voir* ☺ **I**, p 76*)*
rouvrir *(wieder öffnen)*

connaître *(kennen)*

je	connai**s**
tu	connai**s**
il/elle/on	conna<u>î</u>**t**
nous	connai**ssons**
vous	connai**ssez**
ils/elles	connai**ssent**

Connais!
Connaissons!
Connaissez!

Participe passé: **connu**

plaire *(gefallen)*

je	plai**s**
tu	plai**s**
il/elle/on	pla<u>î</u>**t**
nous	plais**ons**
vous	plais**ez**
ils/elles	plais**ent**

Plais!
Plaisons!
Plaisez!

Participe passé: **plu**

METS LES VERBES À LEUR FORME CORRECTE

1. Est-ce que tu pourrais .... (ouvrir) la fenêtre?
2. Qu'est-ce que tu as .... (choisir)? – Une crêpe au fromage.
3. Ils ont .... (découvrir) un hôtel super.
4. Elle a .... (bâtir) sa fortune.
5. Pascal, ... (réfléchir) à ce que tu dis!
6. Ses actions .... (réussir) toujours.
7. .... (ouvrir) la porte, s'il vous .... (plaire)!
8. Elle nous a .... (offrir) du café et des croissants.
9. Vous .... (connaître) l'amie de Léon? –
   Oui, je la .... (connaître) très bien.
10. Ils se font .... (bâtir) une petite maison à la plage.
11. Il .... (ouvrir) la bouteille de limonade.
12. Cécile et Francine .... (réfléchir) sur leur vie.
13. Elles ont .... (réussir) à l'examen.
14. À la fête de Gilbert, Julien a .... (découvrir) une fille chouette.
15. .... (ouvrir) la porte, s'il te .... (plaire).
16. Tu ne me .... (connaître) pas du tout!
17. .... (ouvrir) les yeux, Michel et Richard!
18. Il .... (découvrir) son chat sous le lit.
19. Elle nous .... (offrir) un verre de bière et des tartines.
20. Elle .... (ouvrir) son armoire et me montre sa jupe bleue.
21. Ses enfants ont .... (réussir).
22. Il .... (bâtir) une maison de poupée.
23. Vous .... (finir) vos devoirs, les enfants?
24. Nous avons .... (découvrir) un restaurant italien superbe!
25. Ma fille a .... (grandir) de huit centimètres.
26. Il faut bien .... (choisir) ses amis.
27. Monsieur Fairetout ne .... (connaître) que son travail.
28. Étienne a .... (réussir) son coup.
29. Est-ce que tu as déjà .... (choisir) le jour où tu peux venir?
30. La nouvelle élève .... (plaire) aux garçons de la cinquième 3.
31. Nous .... (choisir) d'aller au ciné.
32. Écoute, le bruit dans la rue .... (grandir).
33. Comme tu as .... (grandir), Maxime!
34. J'ai .... (connaître) Madame Simone de vue.
35. Julie .... (réussir) son gâteau. Il est formidable.
36. .... (réfléchir) avant de parler, les enfants!
37. Elle .... (connaître) bien l'Italie.
38. Le film ne nous a pas .... (plaire).

LES CONJONCTIONS
Die Bindewörter

Um Sätze zu verbinden, können **conjonctions** *(conj) (Bindewörter)*, **locutions conjonctives** *(loc/conj) (als Bindewörter gebrauchte Wendungen)*, **locutions prépositives** *(loc/prép) (als Präposition gebrauchte Wendungen)* und **adverbes** *(adv) (Adverbien)* verwendet werden.

Papa lit le journal **et** Pierre dort.	***und***	*(conj)*
Il ne peut pas venir **à cause du** mauvais temps.	***wegen***	*(loc/prép)*
Il ne peut pas venir **à cause de la** tempête.	***wegen***	*(loc/prép)*
Il reste à la maison, **car** il a de la fièvre.	***weil***	*(conj)*
Il ne va pas au bureau **parce que** son enfant est malade.	***weil***	*(conj)*
Elle est fatiguée **parce qu'**elle travaille beaucoup.	***weil***	*(conj)*
Comme elle travaille beaucoup, elle est fatiguée.	***da (ja)***	*(conj)*

Steht der Grund <u>vor</u> dem Hauptsatz,
wird **comme** gebraucht (Satzanfang).
Steht der Grund <u>nach</u> dem Hauptsatz,
wird **parce que** verwendet (im Nachsatz).
Vor **parce que** steht **kein** Beistrich!
Car wird in der **Schriftsprache** verwendet.

Fais **comme** tu veux.	***so wie***	*(adv)*
On a servi du champagne **ainsi que** des huîtres.	***wie auch, ebenfalls***	*(loc/conj)*
Elle va à la gare **pour** aller chercher sa grand-mère.	***um zu***	*(loc/prép)*
Il neige, **c'est pourquoi** nous restons à la maison.	***deshalb***	*(loc/conj)*
J'ai de la fièvre, **c'est pourquoi** j'appelle le médecin.	***deshalb***	*(loc/conj)*
Il a mal au ventre, **c'est pourquoi** il va à l'hôpital.	***darum, deshalb***	*(loc/conj)*
Il est malade, **alors** il ne peut pas venir.	***daher***	*(adv)*
Elle veut préparer une salade, **donc** elle a acheté des légumes.	***folglich***	*(conj)*
Elle veut préparer une salade, elle a **donc** acheté des légumes.	***folglich***	*(conj)*

Donc kann sowohl <u>am Satzanfang</u> als auch <u>hinter dem Verb</u> stehen.

Nous croyons **que** Guy peut nous aider.	***dass***	*(conj)*
Tu sais **qu**'il est toujours en retard.	***dass***	*(conj)*
Merci pour les sandwichs, **mais** je n'ai pas faim.	***aber***	*(conj)*
Ce n'est pas ton livre, **mais** mon livre, Bertrand.	***sondern***	*(conj)*
Pendant que Papa prépare le goûter, Inès lit.	***während***	*(loc/conj)*
Lui, il a les yeux bleus, **tandis que** sa sœur a les yeux bruns.	***wohingegen***	*(loc/conj)*
Elle, elle va danser **alors que** moi, je dois travailler.	***wohingegen***	*(loc/conj)*
Si Barbara arrive, tu me téléphones?	***wenn, falls***	*(conj)*
S'il fait beau, on va à la piscine.	***wenn, falls***	*(conj)*
Je ne sais pas **si** elle peut venir.	***ob***	*(conj)*
Quand il fait beau, nous allons au parc.	***immer wenn***	*(conj)*
Quand elle est venue, elle a apporté des fleurs.	***als***	*(conj)*

quand + **présent** heißt ***immer wenn***
quand + **passé composé** heißt ***als***

Il pleut **de sorte qu**'on ne peut pas sortir.	***sodass*** *(Folge)*	*(loc/conj)*
Il pleut **de façon qu**'on ne peut pas sortir.	***sodass*** *(Folge)*	*(loc/conj)*
Il pleut **de manière qu**'on ne peut pas sortir.	***sodass*** *(Folge)*	*(loc/conj)*
Elle est **si** nerveuse **qu**'elle ne peut pas parler.	***so ... dass***	*(adv)*
Tu veux aller au restaurant chinois **ou** italien?	***oder***	*(conj)*
Elle ne mange pas beaucoup, **pourtant** elle est grosse.	***jedoch, dennoch***	*(adv)*
Depuis que Pierre est là, Claire est heureuse.	***seit***	*(loc/conj)*
Il est arrivé **(juste) au moment où** je suis sorti.	***(gerade) im Augenblick als***	*(loc/conj)*
Elle a attendu **jusqu'au moment où** il est arrivé.	***bis zu dem Augenblick als***	*(loc/conj)*

MECTS LES CONJONCTIONS QUI CONVIENNENT

1. Il neige et il fait froid, ... nous restons à la maison. *(deshalb)*
2. Elle n'a pas téléphoné .... elle est malade. *(weil)*
3. Je crois .... il est l'ami de Simone. *(dass)*
4. .... papa est rentré, il nous a montré sa voiture neuve. *(als)*
5. Il faut préparer le dîner .... il est tard et qu'on a faim. *(weil)*
6. .... je vois Claire, elle a toujours des nouvelles à raconter. *(immer wenn)*
7. Elle a commencé à pleurer .... je suis entré dans la chambre. *(gerade im Augenblick als)*
8. .... il fait ses devoirs, j'écris une lettre. *(während)*
9. .... elle est mariée, elle n'écrit plus. *(seit)*
10. Nous sommes restés au jardin .... le film a commencé. *(bis zum Augenblick als)*
11. Léon est très vantard, ... sa cousine est très gentille et charmante. *(wohingegen)*
12. Il neige et il fait froid .... on ne peut pas faire du ski. *(sodass)*
13. Je sais .... elle est à la maison, ... elle n'ouvre pas la porte. *(dass, aber)*
14. On n'a plus ni pain ni lait, ... on doit faire les courses. *(daher / deshalb / folglich)*
15. .... elle est arrivée, elle a téléphoné tout de suite. *(als)*
16. .... elle n'a que treize ans, elle ne doit pas aller à la surboum de Pierre. *(da)*
17. Ce ne sont pas tes chaussures, Pilou, ... les chaussures de Philippe. *(sondern)*
18. Elle n'est pas à la maison, ... on laisse un message écrit à la concierge. *(daher / deshalb / folglich)*
19. Nadine a beaucoup changé .... elle travaille. *(seit)*
20. Ne me dérangez pas .... je travaille. *(während)*
21. Jean préfère les B.D., ... Denise adore les romans. *(wohingegen)*
22. Faites .... vous voulez, les enfants! *(so wie)*
23. Je crois .... il a de la fièvre. *(dass)*
24. Regarde .... les enfants sont dans le jardin! *(ob)*
25. Maman veut faire un gâteau, ... elle a besoin de farine et de sucre. *(daher / deshalb / folglich)*
26. Robert aime le vin et la bière, ... sa femme ne boit pas d'alcool. *(wohingegen)*
27. Le week-end on fait une balade à vélo.............. on joue au tennis. *(oder)*
28. On a dansé .... mangé des sandwichs. *(wie auch)*

29. Tu ne travailles pas .... Charles est vraiment studieux. *(wohingegen)*
30. Il ne peut pas faire de balade .... il a mal partout. *(weil)*
31. Guy est venu .... aider son amie. *(um zu)*
32. Je ne peux pas vous dire .... le train part pour Lyon. *(ob)*
33. Elle a peut-être 20 .... 25 ans. *(oder)*
34. Patrick est .... malade .... il ne peut pas organiser la fête. *(so ... dass)*
35. .... notre bébé est fatigué, il commence à pleurer. *(immer wenn)*
36. .... Pierre prend son petit-déjeuner, sa mère écrit une liste d'achats. *(während)*
37. .... il y a un beau film, on va au cinéma. *(wenn)*
38. Elle a besoin de timbres, ... elle va à la poste. *(deshalb)*
39. Elle a mal au ventre, ... elle reste au lit. *(folglich)*
40. Il dort .... bien .... je ne veux pas le réveiller. *(so ... dass)*
41. Il fume beaucoup, ... il tousse toujours. *(deshalb, darum, folglich)*
42. Elle boit beaucoup d'eau, ... elle a toujours soif. *(dennoch)*
43. Le train est parti .... Paul est arrivé à la gare. *(gerade im Augenblick als)*
44. Nous voulons organiser une fête, ... il faut acheter des boissons et des sandwichs. *(folglich)*
45. Monsieur Leclerc aime bien danser, ... son amie préfère rester à la maison. *(wohingegen)*
46. Elle est .... heureuse .... elle embrasse tout le monde. *(so ... dass)*
47. Elle aime bien son travail, ... quelquefois c'est très fatigant. *(aber)*
48. Mélanie a pleuré .... sa mère est entrée. *(bis zu dem Augenblick als)*
49. Il veut apprendre l'italien .... le français. *(oder)*
50. Il a plu tout le temps, ... nous n'avons pas pu aller à la plage. *(sodass)*
51. Elle ne veut pas parler avec toi, ... avec Frédéric. *(sondern)*
52. Sylvie aime beaucoup son CD de Bon Jovi, ... elle l'écoute tout le temps. *(daher / deshalb / folglich)*
53. .... les Legrand prennent leur dîner, ils passent de la musique classique. *(immer wenn)*
54. Patrick ne sait pas quoi faire cet après-midi, ... il téléphone à son copain. *(daher / deshalb / folglich)*
55. Le film est .... bizarre .... on ne le comprend pas. *(so ... dass)*
56. Tu es encore trop jeune .... aller à une surboum, Marie.*(um ... zu)*
57. Paul téléphone à son amie, ... sa petite sœur écoute à la porte. *(während)*

PENDANT / PENDANT QUE - DEPUIS / DEPUIS QUE
während - seit

Pendant / depuis beziehen sich auf ein **Nomen**.
Pendant que / depuis que beziehen sich auf ein **Verb**.

1. .... il aide sa mère, Nicole fait ses devoirs. *(während)*
2. Il fait beau temps .... le 11 avril. *(seit)*
3. N'ouvre pas la porte, ... je regarde le film, Céline! *(w)*
4. .... Madame Ledoux est malade, elle ne sort plus. *(s)*
5. .... Nathalie écrit une lettre, sa mère lave la voiture. *(w)*
6. On te cherche .... une heure! *(s)*
7. Madame Delacroix a découvert un vieil ami .... le concert. *(w)*
8. Je n'ai pas vu Julie .... huit jours. *(s)*
9. Colette est malade .... ce matin. *(s)*
10. .... Luc veut faire ses devoirs, sa petite sœur le dérange. *(w)*
11. .... quand est-ce qu'il est là? – .... lundi. *(s)*
12. Qu'est-ce que tu as fait .... les vacances? *(w)*
13. Elle est désespérée .... sa mort. *(s)*
14. Les Leblanc passent leurs vacances en Grèce .... longtemps. *(s)*
15. .... je fais les courses, elle joue avec les enfants dans le parc. *(w)*
16. Il est sans nouvelles d'elle .... elle est partie. *(s)*
17. .... papa prépare la pâte, Sylvie coupe les pommes. *(w)*
18. Elle a travaillé .... le matin jusqu'au soir. *(s)*
19. .... son absence, son voisin s'occupe du jardin. *(w)*
20. Je le connais .... toujours. *(s)*
21. Ne faites pas de bruit .... je dors! *(w)*
22. Grand-mère a dormi .... le début jusqu'à la fin du film. *(s)*
23. .... la semaine elle prend ses repas à la cantine. *(w)*
24. Elle est triste .... son départ. *(s)*
25. .... les enfants sont à la plage, maman lit son journal. *(w)*
26. .... Madame Rochelle est à l'hôpital, sa belle-mère s'occupe des enfants. *(w)*
27. Elle a perdu l'appétit .... Alain est parti. *(s)*
28. .... Pilou attend devant la porte, Pierre cherche les clés. *(w)*
29. Il a vu Marie à la surboum et .... ce moment-là il l'aime. *(s)*
30. .... je connais Marlène, elle est une de mes meilleures amies. *(s)*
31. Le mois dernier il a plu .... quinze jours. *(w)*
32. .... le repas il m'a expliqué la recette. *(w)*

GRAVE / LOURD / DIFFICILE / GRAVEMENT / GRIÈVEMENT *schwer / schwierig*

grave	*schwer, schwerwiegend, ernst, bedenklich*

un accident **grave**	*ein schwerer Unfall*
une blessure **grave**	*eine schwere Verletzung*
une décision **grave**	*ine ernste, schwerwiegende Entscheidung*
une erreur **grave**	*ein schwerer Irrtum, Fehler*
un état **grave**	*ein besorgniserregender Zustand*
une faute **grave**	*ein schwerer Fehler*
une maladie **grave**	*eine schwere Krankheit*
un moment **grave**	*ein schwerwiegender Moment*
une opération **grave**	*eine schwere Operation*
un problème **grave**	*ein schwerwiegendes Problem*
une question **grave**	*eine schwerwiegende Frage*
une situation **grave**	*eine ernste, bedenkliche Situation*
un symptôme **grave**	*ein ernstes, bedenkliches Symptom*
une voix **grave**	*eine tiefe Stimme*
des motifs / raisons **graves**	*schwerwiegende Gründe*
des sanctions **graves**	*gravierende Sanktionen*
de **graves** nouvelles	*schlimme Nachrichten*
de **graves** ennuis	*ernstliche Schwierigkeiten*

lourd	*schwer (an Gewicht)*

une valise **lourde**	*ein schwerer Koffer*
un sac **lourd**	*ein schwerer Sack*
une pierre **lourde**	*ein schwerer Stein*
un pot **lourd**	*ein schwerer Topf*

difficile	*schwierig, mühsam*

une personne **difficile**	*eine schwierige Person*
un chemin **difficile**	*ein schwieriger Weg*
une tâche **difficile**	*eine schwierige Aufgabe*
un enfant **difficile**	*ein schwieriges Kind*
un devoir **difficile**	*eine schwierige Aufgabe*
une langue **difficile**	*eine schwierige Sprache*

gravement (Adverb)	*schwer, ernstlich, würdevoll*

gravement malade	*schwer krank*
gravement menacé	*ernstlich bedroht*
marcher **gravement**	*würdevoll gehen*
parler **gravement**	*würdevoll sprechen*

grièvement (Adverb)	*schwer, ernstlich*

grièvement blessé	*schwer verletzt*

À compléter:

1. Ce devoir est trop .... pour moi.
2. Son état est .... après l'accident ....
3. Madame Legrand parle d'un ton ....
4. J'ai des raisons .... pour aller en France.
5. Henri est un homme très vantard et ....
6. La valise est top .... pour toi.
7. C'est une faute de grammaire ....
8. Il est .... de trouver une solution.
9. Monsieur le directeur a parlé .... de la situation .... dans notre école.
10. Ce n'est pas .... Ne pleure pas!
11. Tu as fait une faute de prononciation ....
12. Notre voisine est une personne ....
13. Nous avons un problème .... avec l'enfant ....
14. L'homme est .... blessé.
15. Il a une blessure .... sur la tête.
16. Il a des motifs .... pour ne pas dire la vérité.
17. Madame Lafontaine est .... malade. Elle a 39 de fièvre.
18. Le français est une langue ....
19. Avec ta robe longue il faut marcher ....
20. C'est vraiment une tâche .... !
21. Attention au pot .... !
22. La devinette est trop .... pour nous.
23. Nathalie a fait une faute de calcul ....
24. Fernand a pu porter le sac ....
25. Marcelle a une décision .... à prendre.
26. La nature est .... menacée.
27. Une pierre .... est tombée sur mon pied.

L'ADJECTIF DÉMONSTRATIF: CE, CET, CETTE, CES
Der Demonstrativbegleiter: dieser, diese, dieses

	masculin	féminin
Singulier	**ce** garçon **ce** h̲amburger (h aspiré) **cet** a̲mi **cet** h̲ôtel **cet** h̲omme **cet** h̲iver	**cette** fille **cette** a̲mie
Pluriel	**ces** copains **ces** a̲mis **ces** h̲ôtels **ces** h̲ommes	**ces** copines **ces** a̲mies

Merke:

ce matin	*heute Morgen*
ce midi	*heute Mittag*
cet après-midi	*heute Nachmittag*
ce soir	*heute Abend*
cette nuit	*heute Nacht*
ce jour-là	*an diesem, jenem Tag*
ces jours-ci	*in diesen Tagen, dieser Tage*
À un de **ces** jours!	*Bis demnächst! / Bis bald einmal!*
en **ce** jour	*am heutigen Tag*

METS CE / CET / CETTE / CES

1. Je crois que je prends ....ce....... livre-là.
2. ......cette...... idée est formidable, Yves!
3. Est-ce que tu connais ....ce....... monsieur?
4. ......ce...... matin j'ai pris une tasse de café noir.
5. Je n'ai jamais vu ......cet...... homme-là.
6. ......cet...... élève s'appelle Pierre.
7. ......cette...... élève s'appelle Monique.
8. Regarde! ......ces...... montagnes!
9. S'il te plaît, nettoie ......ces...... tables là-bas.
10. Il a acheté ......cette...... maison.
11. Nous avons vu les Durand ......cette...... année.
12. Mon Dieu! ......cet...... idiot!
13. Il a beaucoup plu ......ces...... jours-là.
14. ......ce...... midi j'ai mangé trois sandwichs.
15. Elle est très élégante, ...cette...... femme.
16. ......cet...... arbre a déjà perdu ses feuilles.
17. J'ai oublié ......cette...... chose.
18. Son amie arrive ......cet...... après-midi.
19. Elle a déjà visité ......ces...... pays.
20. Ne dis pas .... mots!
21. Qu'est-ce qu'ils font, ... hommes là-bas?
22. Il est arrivé .... jour-là.
23. J'ai bien dormi .... nuit.
24. Salut! À un de .... jours!
25. Qu'est-ce qu'on fait .... soir?
26. Prends .... bouteille et mets-la dans le frigidaire.
27. .... roman est vraiment intéressant à lire!
28. Il a gagné un prix pour .... projet.
29. Tu as déjà vu .... exposition?
30. .... ville est calme et jolie.
31. Regardez .... photos!
32. Qu'est-ce que vous faites .... été?
33. .... chemisier te va bien!
34. Nous faisons du ski .... hiver.
35. Qui a acheté .... fleurs?
36. Elle a été malade .... semaine-ci.
37. Est-ce que tu prends .... avion?
38. Vite! Prends .... photo!
39. Tu as déjà lu .... journal?
40. .... dimanche nous faisons une balade à vélo.

41. Tu as vu .... garçon là-bas?
42. .... appartement est grand.
43. Tu viens .... après-midi?
44. Je ne connais pas .... adresse.
45. Vous faites .... exercice.
46. Je prends .... boîte de thon et .... fromage.
47. Qui a mangé .... croissants?
48. Nous allons faire du patinage .... hiver.
49. .... hôtels sont tout modernes.
50. Est-ce que tu as déjà écrit .... adresses?
51. .... homme arrive toujours en retard.
52. .... voiture roule trop vite.
53. Vous avez vu .... grand homme dans la rue?
54. Qui est .... dame?
55. À qui sont .... chaussures?
56. .... fille, c'est la sœur de Louis.
57. .... interviews sont très intéressantes.
58. .... exercice est trop difficile.
59. .... train part pour Lyon.
60. .... rue est romantique!
61. .... clés sont à qui?
62. Il a invité .... jeunes filles.
63. .... texte est très intéressant.
64. Où est le paquet que le facteur a apporté .... matin?
65. Pour qui sont .... fleurs?
66. .... couleur te va bien.
67. .... bonbons sont pour mamie.
68. .... nom est vraiment drôle.
69. Il a écrit .... chanson pour Denise.
70. .... film est trop triste pour toi, Cécile!
71. .... match de tennis est captivant.
72. N'ouvrez pas .... fenêtres!
73. .... magasin est fermé.
74. Écoute, j'ai appris .... poème par cœur.
75. Porte .... lettres à la poste, s'il te plaît.
76. .... crêpes sont bonnes!
77. .... robe est trop petite pour toi, Nadine.
78. .... livre est très drôle.
79. .... jeunes gens sont venus pour t'aider.
80. J'aime beaucoup .... restaurant.
81. .... heures ont passé trop vite.
82. .... abbaye est vieille.
83. Qui a vu .... accident?

LES VERBES PRONOMINAUX
Die reflexiven / rückbezüglichen Verben

se lever *(aufstehen)*

je	**me**	lève
tu	**te**	lèves
il/elle/on	**se**	lève
nous	**nous**	levons
vous	**vous**	levez
ils/elles	**se**	lèvent

Lève-**toi**!	Ne **te** lève pas!
Levons-**nous**!	Ne **nous** levons pas!
Levez-**vous**!	Ne **vous** levez pas!

s'appeler *(heißen)*

je	**m'**	appe**ll**e
tu	**t'**	appe**ll**es
il/elle/on	**s'**	appe**ll**e
nous	**nous**	appelons
vous	**vous**	appelez
ils/elles	**s'**	appe**ll**ent

Imperativ ungebräuchlich

voir aussi ☺ **I** p 19, p 32, p 58

s'ennuyer *(sich langweilen)*

je	**m'**	ennu**i**e
tu	**t'**	ennu**i**es
il/elle/on	**s'**	ennu**i**e
nous	**nous**	ennu**y**ons
vous	**vous**	ennu**y**ez
ils/elles	**s'**	ennu**i**ent

Imperativ ungebräuchlich

s'en aller *(weggehen)*

je	**m'en**	vais
tu	**t'en**	vas
il/elle/on	**s'en**	va
nous	**nous en**	allons
vous	**vous en**	allez
ils/elles	**s'en**	vont

Va-t'en! *Geh!*	**Ne t'en va pas**!
Allons-nous en!	**Ne nous en allons pas**!
Allez-vous en!	**Ne vous en allez pas**!

Stellung des Reflexivpronomens:

Beim **bejahten Imperativ** werden die Pronomen **mit Bindestrich an das Verb gehängt.**
Te wird zu **toi.**
In der **Verneinung** und beim **verneinten Imperativ** tritt das Reflexivpronomen **vor** das **konjugierte Verb.**
Der **negative Infinitiv** lautet: **ne pas se lever**

Es gibt viele Verben, die **im Französischen reflexiv** sind, aber **im Deutschen nicht** und umgekehrt.
Zum Beispiel: **se lever, s'appeler, se promener, se baigner, s'énerver** sind im Deutschen **keine reflexiven** Verben! **Nicht reflexiv** sind im Französischen zum Beispiel: **augmenter** *(sich vermehren)*, **avoir honte** *(sich schämen)*, **bouger** *(sich bewegen)*, **changer** *(sich ändern)*, **différer** *(sich unterscheiden)*, **diminuer** *(sich vermindern)*, **divorcer** d'avec/de qn. *(sich von jem. scheiden lassen)*, **redoubler** *(sich verdoppeln)*, **séjourner** *(sich aufhalten)*, **tourner** *(sich drehen)*.
Achtung: se changer = sich umziehen

s'arrêter	*(stehen bleiben)*	se doucher	*(sich duschen)*
se promener	*(spazieren gehen)*	s'écrire	*(sich schreiben)*
se baigner	*(baden)*	s'ennuyer	*(sich langweilen)*
s'écrier	*(ausrufen)*	s'entendre bien	*(sich gut verstehen)*
s'endormir	*(einschlafen)*	se fâcher	*(sich ärgern)*
s'enfuir	*(fliehen)*	se faire mal	*(sich weh tun)*
s'énerver	*(nervös werden)*	s'habiller	*(sich anziehen)*
s'envoler	*(fortfliegen)*	s'intéresser à	*(sich interessieren für)*
se fatiguer	*(müde werden)*	s'interroger	*(sich fragen)*
se marier	*(heiraten)*	se laver	*(sich waschen)*
se mettre à faire qc.	*(beginnen etw. zu tun)*	se maquiller	*(sich schminken)*
se noyer	*(ertrinken)*	se mettre	*(sich setzen/stellen)*
se réveiller	*(aufwachen)*	se moquer	*(sich lustig machen)*
se taire	*(schweigen)*	se passer	*(sich ereignen)*
se terminer	*(zu Ende gehen)*	se préparer	*(s. zu-/vorbereiten)*
s'acheter	*(sich kaufen)*	se perdre	*(sich verirren)*
s'aimer	*(sich lieben)*	s'occuper de	*(sich kümmern um)*
s'amuser	*(sich amüsieren)*	se raser	*(sich rasieren)*
se brosser	*(sich bürsten)*	se regarder	*(sich ansehen)*
se cacher	*(sich verstecken)*	se rencontrer	*(sich treffen)*
se coiffer	*(sich frisieren)*	se rendre	*(sich begeben)*
se connaître	*(sich kennen)*	se reposer	*(sich ausruhen)*
se coucher	*(sich niederlegen)*	se souvenir de	*(sich erinnern an)*
se dépêcher	*(sich beeilen)*	se téléphoner	*(sich anrufen)*
se dire bonjour	*(sich begrüßen)*	se tromper	*(sich irren)*
se donner la main	*(sich die Hand geben)*	se trouver	*(sich befinden)*

Négation: **ne pas** se lever

je **ne** me lève **pas**	nous **ne** nous levons **pas**
tu **ne** te lèves **pas**	vous **ne** vous levez **pas**
il/elle/on **ne** se lève **pas**	ils/elles **ne** se lèvent **pas**

Merke: Das reflexive Verb wird im Deutschen oft mit **‚man'** übersetzt.

Cela ne **se dit** pas. *Das sagt **man** nicht.* Ça ne **se fait** pas. *Das tut **man** nicht.*
Les légumes **s'achètent** au marché. *Das Gemüse kauft **man** am Markt.*
‚Appartement' **s'écrit** avec deux *p*. *‚Appartement' schreibt **man** mit zwei p.*

METS LES VERBES PRONOMINAUX

1. Thérèse .... (se regarder) dans le miroir.
2. Elle .... (se promener) avec son chien.
3. La couleur rose .... (se porter) ce printemps.
4. Le matin Étienne .... (se lever), ... (se laver), ... (se préparer) du café, ... (se brosser) les dents et les cheveux et va au bureau.
5. Tout à coup la porte .... (se fermer).
6. .... (se rendre) à l'école, Marie-Claire!
7. Elle ne peut pas .... (s'habiller), parce qu'elle a un bras blessé.
8. .... (se dépêcher), le train part dans une demi-heure!
9. Nous .... (se mettre) à faire nos devoirs.
10. .... (se laver) les mains et le visage, Gilbert!
11. Vous .... (s'ennuyer)? – Pas du tout!
12. Je .... (se rendre) dans la salle de séjour où .... (se trouver) ma tante et mon oncle.
13. .... (s'arrêter), Monsieur, et écoutez d'abord!
14. Qu'est-ce qu'il fait? – Il .... (s'habiller).
15. Je .... (s'amuser) toujours avec elle.
16. Nous .... (se promener) sur la plage.
17. Aujourd'hui elles .... (se coucher) à onze heures.
18. .... (ne pas se fâcher), Joseph!
19. .... (ne pas s'arrêter), Marc, continue!
20. Les amies .... (se rendre) à la M.J.C. à trois heures.
21. Elle .... (s'ennuyer) toujours pendant un film policier.
22. Le dimanche ils .... (se lever) à neuf heures.
23. Fernand et Hélène .... (s'entendre) bien et .... (s'aimer) beaucoup.
24. Le train .... (s'arrêter) à la gare.
25. Monsieur et Madame Gaston .... (s'occuper) du ménage ensemble.
26. Vous voulez .... (se reposer) un peu?
27. Louis, tu dois .... (se lever) et .... (se dépêcher)! Il est tard!
28. La petite Catherine .... (se laver) toute seule.
29. Je .... (s'entendre) très bien avec mon frère Marc.
30. Elle .... (se mettre) au piano et joue une sonate.
31. Il .... (s'écrier): Maman!
32. Ils .... (se baigner) dans le lac.

LES VERBES PRONOMINAUX AU PASSÉ COMPOSÉ

Das **passé composé** der **verbes pronominaux** wird mit **être** gebildet und in den folgenden Beispielen mit dem **Subjekt übereingestimmt**.
(Für weitere Regeln siehe ☺ **III.***)*

Merke:
se taire – s'être tu(e), s'entendre – s'être entendu(e), se souvenir – s'être souvenu(e), s'endormir – s'être endormi(e), se mettre – s'être mis(e), se perdre – s'être perdu(e)

1. Le taxi .... (s'arrêter) devant le magasin.
2. Elle .... (s'endormir) vers onze heures.
3. Valérie et Pauline .... (se coucher) tôt.
4. Coline .... (s'ennuyer) chez les Marceau.
5. Nous .... (s'amuser bien) hier soir.
6. Le film .... (se terminer) après dix heures du soir.
7. Mes grands-parents .... (se promener) dans le parc.
8. La petite Mireille .... (se laver) toute seule.
9. Elles .... (se reposer) après le repas.
10. Nicole, Monique! Vous .... (se baigner)?
11. Les deux filles .... (s'entendre très bien).
12. Aline et Naomi .... (se maquiller trop).
13. Tu .... (ne pas encore se coiffer), Marina!
14. Papa et Alain .... (se raser) avant de partir.
15. Je .... (s'habiller) après le petit déjeuner.
16. Les garçons .... (se dépêcher) pour attraper le bus.
17. Denise .... (se blesser grièvement).
18. Elles .... (s'arrêter) pour parler aux voisins.
19. Inès .... (se lever) à six heures.
20. Vous .... (s'amuser), les filles?
21. Les enfants .... (se cacher) dans le jardin.
22. Elle .... (se mettre) à réparer sa voiture.
23. Papa et Fernand .... (s'occuper) des sandwichs pour la fête.
24. Tu .... (ne pas s'ennuyer), Isabelle?
25. Quand est-ce qu'elle .... (se rendre) à la gare?
26. Elles .... (s'intéresser) aux photos de nos vacances.
27. Tout à coup Julie et Bertrand .... (se taire).
28. Les filles .... (se souvenir) de la fête.
29. Le groupe de touristes .... (se perdre) à la montagne.
30. Maman .... (se fâcher) à cause de toi.
31. Denis et Anne .... (se marier) au printemps.
32. Les vacances .... (se terminer trop vite).
33. Tu .... (se tromper), Simone!

LE PLURIEL DES NOMS
Der Plural der Hauptwörter

1. An den Singular wird ein **-s** angehängt.

le bonbon	les bonbon**s**	le parc	les parc**s**
le livre	les livre**s**	la photo	les photo**s**
la maison	les maison**s**	la voiture	les voiture**s**

2. Nomen auf **-al** bilden Plural auf **-aux**.

l'anim**al**	les anim**aux**	*Tier*	**Aber:**	le b**al**	les b**als**
le chev**al**	les chev**aux**	*Pferd*		le carnav**al**	les carnav**als**
le journ**al**	les journ**aux**	*Zeitung*		le festiv**al**	les festiv**als**
le m**al**	les m**aux**	*das Böse, Schmerz*			
le sign**al**	les sign**aux**	*Signal, Zeichen*			

3. Nomen auf **-ail** bilden Plural auf -**s**.

le chand**ail**	les chandail**s**	*Pullover*	**Aber:**	le trav**ail**	les trav**aux**	*Arbeit*
le dét**ail**	les détail**s**	*Detail*		l'ém**ail** *(m)*	les ém**aux**	*Email*
le port**ail**	les portail**s**	*Tor*		le cor**ail**	les cor**aux**	*Koralle*
le r**ail**	les rail**s**	*Schiene*				
un e-m**ail**	des e-mail**s**	*E-Mail*				

4. Nomen auf -**eau** bilden Plural auf -**x**.

l'agn**eau**	les agneau**x**	*Lamm*	l'**eau** *(f)*	les eau**x**	*Wasser*
le b**eau**	les beau**x**	*das Schöne*	le gât**eau**	les gâteau**x**	*Torte*
le bur**eau**	les bureau**x**	*Büro*	le jum**eau**	les jumeau**x**	*Zwilling*
le cad**eau**	les cadeau**x**	*Geschenk*	le mant**eau**	les manteau**x**	*Mantel*
le chap**eau**	les chapeau**x**	*Hut, Kappe*	le morc**eau**	les morceau**x**	*Stück*
le chât**eau**	les château**x**	*Schloss*	la p**eau**	les peau**x**	*Haut*
le cout**eau**	les couteau**x**	*Messer*	le rid**eau**	les rideau**x**	*Vorhang*
			le tabl**eau**	les tableau**x**	*Tafel, Bild*

5. Nomen auf **-eu** bilden Plural auf -**x**.

le chev**eu**	les cheveu**x**	*Haar*	**Aber:**	le pn**eu**	les pneu**s**	*Reifen*
le f**eu**	les feu**x**	*Feuer*		le bl**eu**	les bleu**s**	*Blau*
le j**eu**	les jeu**x**	*Spiel*				
le li**eu**	les lieu**x**	*Ort*				
le nev**eu**	les neveu**x**	*Neffe*				
le v**œu**	les vœu**x**	*Wunsch*				

6. Nomen auf **-ou** bilden Plural auf -**x**.

le bij**ou**	les bijou**x**	*Schmuck*	**Aber:**	le cl**ou**	les clou**s**	*Nagel*
le ch**ou**	les chou**x**	*Kohl*		le f**ou**	les fou**s**	*Verrückter*
le gen**ou**	les genou**x**	*Knie*		le tr**ou**	les trou**s**	*Loch*
le jouj**ou**	les joujou**x**	*Spielzeug*		le voy**ou**	les voyou**s**	*Strolch*

7. **unverändert** bleiben Nomen auf -**s**, -**x** und -**z**:

un autobu**s**	des autobu**s**	*Bus*	le moi**s**	les moi**s**	*Monat*
le ba**s**	les ba**s**	*Strumpf*	le ne**z**	les ne**z**	*Nase*
le boi**s**	les boi**s**	*Holz, Wald*	l'o**s** *(m)*	les o**s**	*Knochen*
le bra**s**	les bra**s**	*Arm*	le pay**s**	les pay**s**	*Land*
le ca**s**	les ca**s**	*Fall*	le pri**x**	les pri**x**	*Preis*
le choi**x**	les choi**x**	*Auswahl*	la souri**s**	les souri**s**	*Maus*
le do**s**	les do**s**	*Rücken*	le temp**s**	les temp**s**	*Zeit*
le fil**s**	les fil**s**	*Sohn*	la voi**x**	les voi**x**	*Stimme*

8. Sonderfälle:

madame	**mes**dame**s**	l'**œil** *(m)*	les **yeux**	*Auge*
mademoiselle	**mes**demoiselle**s**	le sandwich	les sandwich(**e**)**s**	
monsieur	**messieurs**	le **ciel**	les **cieux**	*Himmel*
le grand-père	les grand**s**-père**s**	le gratte-**ciel**	les gratte-**ciel_**	*Wolkenkratzer*
la grand-mère	les grand(**s**)-mère**s**	Merke: Notre père qui êtes aux cieux ...		

Achtung: Eigennamen bilden den Plural meist **ohne -s**.
Abkürzungen ebenfalls **ohne** -**s**.

Madame et Monsieur Legrand	les Legrand_	*die Legrands*
la B.D. (la bande dessinée)	les B.D.	*Comic*
le CD	les CD	*CD*

METS AU PLURIEL LES MOTS SUIVANTS

1. la photo ....
2. l'animal ....
3. le portail ....
4. le signal ....
5. le festival ....
6. le bonbon ....
7. le chapeau ....
8. le CD ....
9. le bras ....
10. le pays ....
11. le clou ....
12. le cheveu ....
13. le bleu ....
14. la voix ....
15. le rail ....
16. le carnaval ....
17. la voiture ....
18. le travail ....
19. le fromage ....
20. le bal ....
21. le cas ....
22. le chou ....
23. le pneu ....
24. la souris ....
25. le feu ....
26. le choix ....
27. le vœu ....
28. le neveu ....
29. le fou ....
30. le ciel ....
31. le château ....
32. l'émail ....
33. la pomme ....
34. le mal ....
35. la peau ....
36. madame ....
37. le genou ....
38. le pain ....
39. le journal ....
40. le rideau ....
41. le couteau ....
42. le détail ....
43. le tableau ....
44. le parc ....
45. le bureau ....
46. l'eau ....
47. le jumeau ....
48. le cheval ....
49. le livre ....
50. le gâteau ....
51. l'œil ....
52. la maison ....
53. le trou ....
54. le jeu ....
55. le mois ....
56. le joujou ....
57. le nez ....
58. le voyou ....
59. le bijou ....
60. la B.D. ....
61. le grand-père ....
62. monsieur ....
63. le prix ....
64. le pied ....
65. le beau ....
66. le manteau ....
67. le bois ....
68. l'autobus ....
69. la lettre ....
70. l'os ....
71. le dos ....
72. le cahier ....
73. le chandail ....
74. mademoiselle ....
75. l'agneau ....
76. le cadeau ....
77. la grand-mère ....
78. la ville ....
79. le bas ....
80. la piscine ....

LE PRONOM OBJET INDIRECT
Das indirekte Objektspronomen (3.Fall)

Voir d'abord ☺ **I** p 84.

Das **indirekte** Objektspronomen ist ein **Dativ** (ein 3.Fall).
Frage: **Wem**?

Il	**me**	prête sa voiture.	***mir***	*prêter à qn.*
Elle	**m'**	écrit une lettre.	***mir***	*écrire à qn.*
Il	**te**	donne des fleurs.	***dir***	*donner à qn.*
Je	**t'**	apprends à nager.	***dir***	*apprendre à qn.*
On	**lui**	achète une cassette?	***ihm***	*acheter à qn.*
Tu	**lui**	racontes cette histoire?	***ihr***	*raconter à qn.*
Ils	**nous**	apportent un cadeau.	***uns***	*apporter à qn.*
Il	**vous**	envoie une carte.	***euch, Ihnen***	*envoyer à qn.*
Elle	**leur**	prépare un goûter.	***ihnen***	*préparer à qn.*

La place du pronom objet indirect *(Die Stellung des indirekten Pronomens)*:

1. Avant le verbe conjugé: *Es steht **vor** dem **konjugierten Verb**:*

Elle		**me**	***téléphone***		chaque jour.
Il		**nous**	***dit***		bonjour.
Elle	<u>ne</u>	**vous**	***téléphone***	<u>pas</u>	chaque jour?
Il	<u>ne</u>	**leur**	***dit***	<u>pas</u>	bonjour.

2. Au *passé composé* avant l'auxiliaire:
*Im passé composé **vor** dem **Hilfsverb**:*

Il		**vous**	***a***		**offert** des sandwiches?
Paul		**leur**	***a***		**donné** son adresse.
Elle		**m'**	***a***		**raconté** son histoire.
Elle		**t'**	***a***		**écrit** une lettre?
Il	<u>ne</u>	**vous**	***a***	<u>pas</u>	**offert** de sandwiches?
Paul	<u>ne</u>	**leur**	***a***	<u>pas</u>	**donné** son adresse.
Elle	<u>ne</u>	**m'**	***a***	<u>pas</u>	**raconté** son histoire.
Elle	<u>ne</u>	**t'**	***a***	<u>jamais</u>	**écrit** de lettre?

3. Avant l'infinitif: *Vor dem **Infinitiv**:*

Elle	vient	**te**	***rendre*** ton livre.
Il	doit	**nous**	***parler***.
Je	voudrais	**vous**	***poser*** une question.
Je	désire	**te**	***raconter*** ce qu'il a fait.
Il	faut	**leur**	***rendre*** visite.
Il	est venu	**me**	***dire*** au revoir.
Elle	a dû	**nous**	***donner*** une réponse.
Il	a fallu	**leur**	***montrer*** notre jardin.

Elle	ne veut pas	**me**	***dire*** bonjour.
Elle	ne peut pas	**vous**	***offrir*** de solution.
Il	ne faut pas	**lui**	***rendre*** visite.
Elle	n'a pas dû	**nous**	***donner*** de réponse.
Il	n'a pas fallu	**leur**	***montrer*** notre jardin.

4. Après l'impératif **affirmatif**:
*Es wird beim **bejahten** Imperativ **angehängt**:*

Téléphone-**lui**!
Envoyez-**leur** une lettre!
Écrivons-**lui**!
Pardonnez-**nous**!

> ***Achtung:*** Bei der 1. und 2. Person Singular verwenden wir **moi, toi** statt me, te!

Donne-**moi** ton cahier!
Prépare-**toi** un sandwich!

5. Avant l'impératif **négatif**:
*Beim **verneinten** Imperativ steht es **vor** dem Imperativ:*

Ne **lui** donne pas ton adresse!
Ne **me** téléphone pas le soir!
Ne **leur** dites pas ces nouvelles!

METS LE PRONOM OBJET INDIRECT

1. Il parle souvent **à Céline**.
2. Elle a prêté sa voiture **à Paul**.
3. Téléphone **à Pierre et Marc**!
4. Achetons un cadeau **à Thérèse**!
5. Il faut rendre visite **à Madame Florence**.
6. Ils apportent des fleurs **à maman**.
7. Nous avons envoyé une lettre **à Barbara**.
8. Il a dit bonjour **à Fernand et Marcel**.
9. Elle a préparé des tartines **à ses enfants**.
10. Elle n'a pas offert de café **à sa voisine**?
11. Il n'a pas voulu acheter les bonbons **aux enfants**.
12. Nicole n'a pas donné son adresse **aux garçons**.
13. Qu'est-ce que tu veux offrir **aux visiteurs**?
14. Il a écrit une carte postale **à son amie**.
15. Elle ne veut pas rendre visite **à Monsieur Ledoux**.
16. Elle n'a pas encore rendu visite **à Catherine**.
17. Il faut dire bonjour **aux grands-parents**.
18. Tu as déjà dit la vérité **à Henri et Claude**?
19. Parlez **au prof**!
20. Donne ton numéro de téléphone **à Denise**!
21. Ne dis rien **à maman**!
22. Je devrais téléphoner **à ton prof**.
23. Elle a fait la promesse **à papa** de ne pas être en retard.
24. Grand-père parle de ses expériences **aux enfants**.
25. Il offre des fleurs **à Madame Dugarry**.
26. On a posé beaucoup de questions **à notre prof**.
27. Elle n'a pas voulu parler **à son chef**.
28. Je voudrais expliquer ma situation **aux amis**.
29. Pardonnez **à votre ami**!
30. Je voudrais faire un cadeau **à Isabelle**.
31. Il a demandé ton numéro de téléphone **à Brigitte et Inès**.
32. Il n'a pas fallu expliquer les règles **aux élèves**.
33. Maman a acheté une glace **à Marie et Louis**.
34. Ne téléphone pas **à ton prof** le soir!
35. Qu'est-ce qu'elle a raconté **aux amies**?
36. Tu envoies un ticket de concert **à Pilou**?
37. Papa a dit **aux enfants** de venir.
38. Rendons visite **à Mireille**!
39. S'il te plaît, lis la lettre **à ta grand-mère**!
40. Elle a appris **à sa petite sœur** à nager.

METS LE PRONOM OBJET INDIRECT

1. Il a écrit de Paris. (te)
2. Olivier apporte un bouquet de fleurs. (me)
3. Elle a posé une question difficile. (nous)
4. Elle peut offrir une solution. (vous)
5. Elle veut dire bonjour. (me)
6. Il a déjà téléphoné? (vous)
7. Achète des poires, s'il te plaît! (moi)
8. Ils ont voulu acheter un cadeau. (leur)
9. Elle n'a rien dit? (te)
10. Ils n'ont pas dû répondre. (lui)
11. Elle ne peut pas dire la vérité. (te)
12. Il n'a pas voulu acheter le cadeau. (leur)
13. Maman achète des vêtements. (me)
14. Il ne doit pas parler. (nous)
15. Elle est venue raconter quelque chose. (te)
16. Il ne faut pas expliquer cela encore une fois. (leur)
17. Il a montré son nouveau film? (vous)
18. Elle ne demande rien. (me)
19. Montre tes photos des vacances! (nous)
20. Elle a envoyé une lettre. (me)
21. Pardonnez! (nous)
22. Ne raconte pas la même histoire! (lui)
23. Ne dis rien de la fête! (leur)
24. Il a déjà parlé de ses vacances? (te)
25. Il faut donner une explication! (me)
26. Elle a demandé un plan de métro? (te)
27. Nous offrons des canapés et du vin blanc. (leur)
28. Laurent a apporté un animal en verre pour ma collection. (me)
29. Frédéric lit le journal. (lui)
30. S'il te plaît, apporte quelque chose à boire. (moi)
31. Les Olivier ont montré les photos de leur maison. (nous)
32. Tu dois dire la vérité. (nous)
33. Elle a acheté des boucles d'oreilles. (te)
34. Je voudrais demander la solution. (vous)
35. Il faut rendre les livres. (lui)
36. Elle a prêté son CD de Montand. (me)
37. La vendeuse a expliqué la qualité des chemises? (te)
38. Apportez un verre d'eau, s'il vous plaît! (moi)
39. N'apprenez pas cette chanson! (nous)
40. Il n'a pas pu donner la réponse? (te)

L'INTERROGATION PAR INVERSION
Die Inversionsfrage

Voir d'abord ☺ **I** p 26-33.

1. Diese Art der Frage gehört vorwiegend der gehobenen **Schriftsprache** an. Bei dieser Fragebildung steht das **Verb** **vor** dem **Subjekt** (wie im Deutschen!).
Das **Subjekt** wird mit einem **Bindestrich** an das **Verb** gehängt.
Das **Subjekt** ist ein **Personalpronomen** (***tu, il, ils, nous, vous, on*** ...)

Parlez-vous italien?
Votre maison **est-elle** grande?
Depuis quand **est-il** en France?
Avec qui **parles-tu**?
Quand **partent-ils**?
Quand **venez-vous**?
Où **vont-elles** maintenant?
Que **regardez-vous**?
Que **font-ils** dans le jardin?
Que **dit-elle**?
Quel bus **prend-il**?
Quelle heure **est-il**?
Quel jour **sommes-nous** aujourd'hui? *Welchen Tag haben wir heute?*
Pourquoi la porte **est-elle** ouverte?

2. In der **gesprochenen** Sprache wird hauptsächlich die **2. Person** Singular und Plural verwendet und zwar häufig mit ***avoir*** und ***être***, ***aller***, ***vouloir***, ***savoir***, ***faire*** und ***s'appeler***.

As-tu faim?
Avec qui **as-tu** parlé?
Es-tu malade?
Qui **êtes-vous**?
Comment **allez-vous**?
Vas-tu à la gare?
Veux-tu un sandwich?
Sais-tu jouer du piano?
Que **fais-tu**?
Comment **t'appelles-tu**?

3. Inversionsfrage mit der **ersten** Person *je* kommt vorwiegend im **literarischen** Französisch vor.

Puis-je vous demander quelque chose? *Darf ich Sie etwas fragen?*
Achtung: Statt ***peux*** wird ***puis*** verwendet!

4. Endet das **Verb der 3. Person Einzahl** auf einen **Vokal**, so wird ein -**t**- mit zwei **Bindestrichen** zwischen Verb und Personalpronomen eingefügt.

Cherch**e**-**t**-elle sa valise?
V**a**-**t**-elle à la M.J.C?
Quand arriv**e**-**t**-elle?
Ta sœur **a**-**t**-elle soif?
Quand ton ami **a**-**t**-il écrit cette lettre?
Pourquoi ton frère achèt**e**-**t**-il une deuxième voiture?
À quelle heure ton amie rentr**e**-**t**-elle?
Comment trouv**e**-**t**-il ta nouvelle voiture?
À qui **a**-**t**-il posé ces questions?

TRANSFORME EN UTILISANT L'INTERROGATION PAR INVERSION

1. Quelle couleur est-ce qu'elle aime?
2. À qui est-ce qu'elle pense toujours?
3. De qui est-ce que vous avez parlé?
4. Elle est venue avec qui?
5. Qui est-ce que vous cherchez, Monsieur?
6. Qu'est-ce que tu vois là-bas?
7. Est-ce qu'il va en France cet été?
8. Quand est-ce que vous êtes parti hier soir?
9. Papa a payé combien?
10. Elle va au cinéma avec qui?
11. Est-ce que je peux vous aider, ma chère Madame?
12. Pourquoi est-ce que Florence n'a pas téléphoné plus tôt?
13. Elles trouvent ta robe verte comment?
14. Qu'est-ce que vous faites maintenant?
15. Où est-ce que vous allez?
16. Tu prends quel chemisier?
17. Vous êtes à la maison?
18. À qui est-ce que tu as parlé?
19. Elles viennent d'où?
20. Quel jour est-ce que nous sommes aujourd'hui?
21. Il est parti comment? En taxi?
22. Est-ce qu'il y a encore quelque chose à boire?
23. Est-ce que vous préférez rester ici?
24. Pourquoi est-ce qu'elles n'ont pas écrit?
25. Est-ce que vous avez soif?
26. Quel train est-ce qu'il doit prendre?
27. Est-ce que vous savez faire une tarte aux pommes?
28. Qu'est-ce qu'ils ont fait au marché?
29. Vous voulez aller au restaurant?
30. Vous avez vos clés?
31. Est-ce que vous sortez cet après-midi?
32. Tu veux me dire quelque chose?
33. Combien est-ce que ton père gagne?
34. Vous vous appelez comment?
35. Qu'est-ce qu'elles ont pris? Du café?
36. Pourquoi est-ce que ton père n'est pas allé au bureau?
37. C'est qui?
38. Pourquoi est-ce qu'il pleure?
39. Il est quelle heure?
40. Vous avez quel âge?

QUEL / QUELLE / QUELS / QUELLES
Welcher / welche / welches

	masculin	féminin
Singulier	**quel** livre **quel** ami	**quelle** fille **quelle** amie
Pluriel	**quels** livres **quels** amis	**quelles** filles **quelles** amies

Anmerkung: **Quel? quelle? quels? quelles?**
fragen nach etwas/jemandem **Bestimmten aus einer Gruppe**.

Exemples:

Quel est ton livre de géographie cette année?
Quels sont ces pantalons? *Was sind das für Hosen?*
Quelle heure est-il?
Quelles sont ces chaussettes? *Was sind das für Socken?*

Achtung: Im **passé composé** muss das Partizip in **Zahl** und **Geschlecht übereingestimmt** werden, sowohl bei ***quel*** als **Fragewort,** als auch als **Ausrufewort** und in der **indirekten Frage**.

Exemples:

Quelle fille est-ce que vous avez vu**e**? (Aber: Vous avez **vu** quelle fille?)
Quelles fleurs est-ce que tu as achet**ées**? (Aber: Tu as **acheté** quelles fleurs?)
Quels amis est-ce qu'il a invité**s**? (Aber: Il a **invité** quels amis?)

Quelle jolie robe tu as achet**ée**!
Quelles bonnes crêpes ils ont offert**es**!
Quels films intéressant**s** ils ont montré**s**!

Dis-moi **quelle** robe tu as achet**ée**.
Il veut savoir **quelles** crêpes vous avez pris**es**.
Je ne sais pas **quels** films il a vu**s**.

QUEL / QUELLE / QUELS / QUELLES

1. .... appartement est-ce que tu as loué?
2. Je ne sais pas .... pommes je dois acheter.
3. .... boisson est-ce que tu prends?
4. .... livres est-ce que tu as achetés?
5. .... voiture est-ce que papa veut acheter?
6. .... fleurs est-ce qu'elle achète?
7. .... est ton chapeau?
8. .... heure est-il?
9. Elle habite dans .... région?
10. .... âge avez-vous?
11. .... sports est-ce qu'il préfère, Louis?
12. .... est ton adresse?
13. .... musique est-ce que tu adores?
14. Tu mets .... couleurs?
15. Tu pars à .... heure, Michel?
16. .... dessert est-ce que nous prenons?
17. De .... couleur est ta robe?
18. .... temps fait-il aujourd'hui?
19. .... film est-ce qu'on passe au cinéma?
20. .... cigarettes est-ce que vous fumez?
21. .... voyage est-ce qu'il a fait pendant les vacances?
22. .... froid terrible!
23. .... amies est-ce que tu as invitées?
24. .... sont ces chaussures, Pierre?
25. .... filles est-ce qu'il a rencontrées?
26. .... pays est-ce que vous avez déjà visités?
27. Dans .... volume est-ce qu'on parle de *l'interrogation*? – Dans le volume 1.
28. .... bonne idée!
29. .... est la hauteur de ce gratte-ciel?
30. Marie, ... surprise!
31. .... est le prix de ces pommes?
32. .... chance de vous rencontrer ici!
33. .... erreur!
34. .... beau temps aujourd'hui!
35. .... est ton avis, Mireille?
36. Dans .... maison est-ce que Monsieur Fabien habite?
37. .... dommage!
38. .... jolie maison, Madame!
39. Dis-moi .... chemisier tu as acheté?
40. Je ne sais pas .... chansons il a écoutées.

LE FUTUR PROCHE / COMPOSÉ / IMMÉDIAT
Die nahe / zusammengesetzte / unmittelbare Zukunft

Bildung: konjugierte Form von **aller** + ***infinitif*** (voir ☺ **I** p 43)

Verwendung: In der **Umgangssprache** für **nahe**, **unmittelbar bevorstehende** oder **sicher eintreffende** Handlungen sehr häufig gebraucht.

Exemples:

Je **vais** te ***dire*** une chose: Elle ne **va** ***inviter*** personne! *(voir ausi p 55/Achtung)*

Tu **vas** ***acheter*** des fruits?	*Wirst du Früchte kaufen?*
Qu'est-ce qu'elle **va** ***faire*** <u>maintenant</u>?	*Was wird sie jetzt tun?*
Il **va** t'***aider*** <u>tout de suite</u>.	*Er wird dir gleich helfen.*
On **va** ***partir*** <u>maintenant</u>.	*Wir werden jetzt gehen.*
Nous **allons** ***prendre*** notre déjeuner.	*Wir werden zu Mittag essen.*
Vous **allez** ***faire*** une promenade?	*Werdet ihr e. Spaziergang machen?*
Ils **vont** ***arriver*** <u>dans 5 minutes</u>.	*Sie werden in 5 min ankommen.*
Elles ne **vont** pas ***ranger*** leurs chambres.	*Sie werden ihre Z. nicht aufräumen.*

LE PASSÉ RÉCENT / IMMÉDIAT
Die nahe / unmittelbare Vergangenheit

Bildung: konjugierte Form von **venir** + **de** + ***infinitif*** (voir ☺ **I** p 43)

Verwendung: Wenn man betonen will, dass eine Handlung **soeben / gerade geschehen** ist.

Exemples:

Je **viens de** ***finir*** mon devoir.	*Ich habe soeben meine Aufgabe beendet.*
Tu **viens de** ***ranger*** ta chambre?	*Hast du soeben dein Zimmer aufgeräumt?*
Il **vient de** ***parler*** à Madame Legrand.	*Er hat gerade mit Frau L. gesprochen.*
Elle **vient d'*****arriver*** à la gare.	*Sie ist soeben am Bahnhof angekommen.*
On **vient de** ***déjeuner***.	*Wir haben soeben zu Mittag gegessen.*
Nous **venons de** ***faire*** une balade à vélo.	*Wir haben gerade e. Radausflug gemacht.*
Vous **venez de** ***fumer*** une cigarette?	*Haben Sie gerade eine Zigarette geraucht?*
Ils **viennent de** nous ***expliquer*** le jeu.	*Sie haben uns gerade das Spiel erklärt.*

LE PRÉSENT DURATIF / PROGRESSIF

Bildung: konjugierte Form von **être** + **en train de** + ***infinitif***
(dabei sein, etwas zu tun)

Verwendung: Wenn man betonen will, dass eine Handlung **soeben / gerade geschieht.** *(vgl. -ing Form im Englischen)*

Exemples:

Je **suis en train de *faire*** mon devoir.	*Ich bin gerade dabei, m. H. zu machen.*
Tu **es en train de *préparer*** le goûter.	*Du bereitest gerade die Jause zu.*
Il **est en train de *manger*** une orange.	*Er isst gerade eine Orange.*
Elle **est en train d'*écrire*** une lettre.	*Sie schreibt gerade einen Brief.*
On **est en train de *montrer*** nos photos.	*Wir zeigen gerade unsere Fotos.*
Vous **êtes en train de *discuter*** avec vos amis.	*Ihr diskutiert gerade mit euren F.*
Ils **sont en train de *téléphoner*** à leurs parents.	*Sie rufen gerade ihre Eltern an.*
Elles **sont en train d'*aider*** leur mère.	*Sie helfen gerade ihrer Mutter.*
Nous **sommes en train de *passer*** nos vacances à Paris.	*Wir verbringen gerade unsere Ferien in Paris.*

Achtung: Für alle drei Zeitformen gilt:
1. Pronomen stehen **vor** dem **Infinitiv**!
2. Verneinung umschließt das konjugierte Verb.

Exemples:

1. Elle va acheter la jupe.	Elle va **l'*acheter***.
Il vient d'écrire son devoir.	Il vient de **l'*écrire***.
Nous sommes en train de manger nos tartines.	Nous sommes en train de **les *manger***.
2. Elle **ne va pas** acheter la jupe.	Elle **ne va pas** l'acheter.
Il **ne vient pas** d'écrire son devoir.	Il **ne vient pas** de l'écrire.
Nous **ne sommes pas** en train de manger nos tartines.	Nous **ne sommes pas** en train de les manger.

METS AU FUTUR PROCHE / PASSÉ RÉCENT / PRÉSENT DURATIF ET METS LES PRONOMS

1. Je fais <u>mon travail</u>.
2. Elle rentre de Londres.
3. Il prend un café au lait.
4. Nous regardons <u>les photos de nos vacances</u>.
5. Vous écoutez <u>la radio</u>.
6. Elle aide <u>son père</u>.
7. Nous faisons un voyage.
8. On range <u>notre chambre</u>.
9. Vous buvez un thé.
10. Nadine met <u>le couvert</u>.
11. François court à la poste.
12. Je lis un livre intéressant.
13. Nous visitons le Louvre.
14. Ils travaillent dans le jardin.
15. Paul cherche <u>la solution au problème</u>.
16. Richard téléphone <u>à son amie</u>.
17. Les touristes demandent un renseignement.
18. Le prof explique <u>la règle</u>.
19. Il cesse de fumer.
20. Il pleut.
21. Elle prend <u>son petit déjeuner</u>.
22. Maman achète des fleurs.
23. Elle fait un gâteau pour son anniversaire.
24. Ils jouent aux cartes.
25. Je fais <u>ma valise</u>.
26. Les élèves organisent une fête de classe.
27. Marie répare <u>sa bicyclette</u>.
28. Ils font une enquête.
29. Nous regardons un film au ciné.
30. Il lave <u>son pull-over</u>.
31. Il apprend <u>le poème</u> par cœur.
32. Elle travaille dans sa chambre.
33. Monsieur Lepont donne son adresse <u>à Monique</u>.
34. Les élèves font une rédaction.
35. Le reporter rédige un article de journal.
36. Elle joue avec <u>sa sœur</u>.
37. Il nettoie <u>l'appartement</u>.
38. Philippe passe l'aspirateur.
39. Thérèse fait <u>la cuisine</u>.

LE PRONOM RELATIF *QUI*

das Relativpronomen der /die /das /welche/-r/-s

> ***Qui*** wird verwendet um zwei Sätze zu verbinden.
> Es bezieht sich sowohl auf **Personen** als auch auf **Dinge** und ist **unveränderlich.**
> Das Verb richtet sich nach dem Begriff, an dessen Stelle ***qui*** steht.

Nathalie est une jeune fille charmante. Elle veut devenir actrice.
Nathalie est une jeune fille charmante **qui** veut devenir actrice.

Les cahiers sont à Jacques. Ils sont sur le bureau.
Les cahiers, **qui** sont sont sur le bureau, sont à Jacques.

Relie les deux phrases suivantes en utilisant qui:

1. Monsieur Roquefort travaille dans un restaurant. Il aime beaucoup sa profession.
2. Voilà les voleurs. Ils ont volé les caméras.
3. J'ai un manteau. Il a déjà dix ans.
4. Voilà Madame Legrand. Elle s'appelle Monique.
5. J'ai téléphoné à Fabienne. Elle est mon amie.
6. Elle aime beaucoup son ami. Il va arriver à la gare à cinq heures.
7. Les Dupont ont deux fils. Ils s'appellent Lucien et Pierre.
8. Elle rend visite à sa grand-mère. Elle habite à Vienne.
9. Elle porte une robe verte. La robe est très moderne.
10. Ils ont une maison. La maison a un grand jardin avec un étang.
11. Nous achetons des fleurs pour Nicole. Elle fête son anniversaire.
12. Est-ce que je peux manger la crème? Elle est dans le frigidaire.
13. Vous aimez le film avec Catherine Deneuve? Il se joue en Italie.
14. Elle adore Tom Cruise. Il est un acteur connu.
15. Ce chapeau est à toi? Il est dans la salle de séjour.
16. Qui est la dame là-bas? Elle parle à Monsieur Legrand.
17. C'est Dominique Chabrol. Il habite au troisième étage.
18. Donne-moi le couteau, s'il te plaît. Il est sur la table.
19. Ils sont descendus dans un hôtel à la plage. Il est très chouette.
20. Nous pensons que Denise va venir. Elle est l'amie de Paul.
21. Elle cherche les clés. Elles sont pour sa maison de campagne.
22. Il ne trouve pas l'auberge de jeunesse. Elle est rue Faubourg.
23. Voilà Monsieur Duras. Il t'a cherché partout.
24. Ils ont une maison. Elle se trouve au centre de la ville.

LES MÉTIERS *Die Berufe*

masculin	féminin	
avocat	avocat**e**	*Anwalt/Anwältin*
surveillant	surveillant**e**	*Aufsichtsperson*
infirmier	infirmi**ère**	*Krankenpfleger/Krankenschwester*
boucher	bouch**ère**	*Fleischhauer/in*
boulanger	boulang**ère**	*Bäcker/in*
caissier	caissi**ère**	*Kassier/erin*
épicier	épici**ère**	*Lebensmittelhändler/in*
fermier	fermi**ère**	*Bauer/Bäuerin*
ouvrier	ouvri**ère**	*Arbeiter/in*
chanteur	chant**euse**	*Sänger/in*
coiffeur	coiff**euse**	*Frisör/in*
danseur	dans**euse**	*Tänzer/in*
programmeur	programm**euse**	*Programmierer/in*
vendeur	vend**euse**	*Verkäufer/in*
acteur	act**rice**	*Schauspieler/in*
conducteur	conduct**rice**	*Fahrer/in*
dessinateur	dessinat**rice**	*Zeichner/in*
directeur	direct**rice**	*Direktor/in*
facteur	fact**rice**	*Briefträger/in*
instituteur	institut**rice**	*Lehrer/in*
lecteur	lect**rice**	*Lektor/in*
paysan	paysa**nne**	*Bauer/Bäuerin*
électricien	électricie**nne**	*Elektriker/in*
mécanicien	mécanicie**nne**	*Mechaniker/in*
musicien	musicie**nne**	*Musiker/in*
technicien	technicie**nne**	*Techniker/in*
speaker	speaker**ine**	*Ansager/in, Radiosprecher/in*
garçon	**serveuse**	*Kellner/in*
maître d'hôtel	maîtr**esse** d'hôtel	*Oberkellner/in*

masculin et féminin

agent de police	*Polizist/in*	guide	*Fremdenführer/in*
architecte	*Architekt/in*	ingénieur	*Ingenieur/in*
artiste	*Künstler/in*	interprète	*Dolmetscher/in*
auteur	*Autor/in*	journaliste	*Journalist/in*
chef	*Chef/in*	juge	*Richter/in*
concierge	*Hausmeister/in*	libraire	*Buchhändler/in*
dentiste	*Zahnarzt/ärztin*	médecin	*Arzt/Ärztin*
détective	*Detektiv/in*	météorologue	*Meteorologe/login*
diplomate	*Diplomat/in*	pilote	*Pilot/in*
écrivain	*Schriftsteller/in*	prof(esseur)	*Professor/in*

Will man bei männlich und weiblich gleichlautenden Berufen das **Geschlecht verdeutlichen**, weil es aus dem Zusammenhang nicht erkennbar ist, so setzt man ***femme*** hinzu.
Manche Autoren verwenden heute auch auteur**e** und écrivain**e** für die weibliche Form.

Merke:

Elle est professeur de français.
Sylvie préfère les **femmes** médecins.
Dans notre école il y a beaucoup de **femmes** professeurs.

manquer sa vocation	*seinen Beruf verfehlen*
une profession libérale	*ein freier Beruf*
la carrière	*die Laufbahn*
exercer / pratiquer un métier	*einen Beruf ausüben*

VOCABULAIRE

Anmerkung: Dieser Vokabelteil dient lediglich als Übersetzungshilfe und ist kein Lexikonersatz!

abréviations (f) *(Abkürzungen)*:

m	masculin	männlich
f	féminin	weiblich
Pl	pluriel (m)	Plural
Sg	singulier (m)	Singular
adj	adjectif (m)	Adjektiv
adv	adverbe (m)	Adverb

Mit * wird ein h aspiré gekennzeichnet (voir ☺ **I** p 3).

(avoir) reçu	*bekommen (haben)*
à cause de	*wegen*
abbaye (f)	*Abtei*
absence (f)	*Abwesenheit*
accident (m)	*Unfall*
accompagner	*begleiten*
acteur (m)	*Schauspieler*
actrice (f)	*Schauspielerin*
addition (f)	*Rechnung (Restaurant)*
admiration (f)	*Bewunderung*
affaires (f, Pl)	*Sachen, Dinge*
agréable	*angenehm*
aide (f)	*Hilfe*
ailleurs	*anderswo*
ajouter	*hinzufügen*
alarme (f)	*Alarm*
alcool (m)	*Alkohol*
allumette (f)	*Zündholz*
amande (f)	*Mandel*
Amérique (f)	*Amerika*
amical	*freund(schaft)lich*
anchois (m)	*Sardelle*
angoisse (f)	*Angst*
année (f)	*Jahr*
anniversaire (m)	*Geburtstag*
annoncer	*ankündigen*
apprendre	*lernen*
arbre (m)	*Baum*
architecte (m,f)	*Architekt/in*
argent (m)	*Geld*
artichaut (m)	*Artischocke*
article (m)	*Artikel*
assiette (f)	*Teller*
attraper	*erreichen*
auberge (f) de jeunesse (f)	*Jugendherberge*
autrefois	*früher, einst*
avant	*vor (zeitlich)*
avantage (m)	*Vorteil*
avant-hier	*vorgestern*
avion (m)	*Flugzeug*
avis (m)	*Meinung*
avril (m)	*April*
bac (m)	*Matura*
bain-marie (m)	*Wasserbad*
bal (m)	*Ball, Tanzveranstaltung*
balade (f)	*Spaziergang, -fahrt*
bande dessinée (f)	*Comic*
barbe (f)	*Bart*
bébé (m)	*Baby*
beignet (m) aux pommes	*Apfelküchel*
belle-mère (f)	*Schwiegermutter*
bêtises (f, Pl)	*Unsinn, Dummheiten*
bicyclette (f)	*Fahrrad*
biscuit (m)	*Keks, Biskuit*
blanchir	*blanchieren*
blessé	*verletzt*
blessure (f)	*Verletzung*
bœuf (m)	*Rindfleisch*
boisson (f)	*Getränk*
boîte (f)	*Schachtel, Dose*
Bon anniversaire! (m)	*Alles Gute z.Geburtstag!*
bouche (f)	*Mund*
boucle (f) d'oreille (f)	*Ohrring*
bouillant	*kochend, siedend*
bouquet (m) de fleurs (f)	*Blumenstrauß*
branche (f)	*Zweig*
bras (m)	*Arm*
breton	*bretonisch*
bruit (m)	*Lärm*
cadet	*jünger*
calcul (m)	*Rechnen*
caméra (f)	*Kamera*
campagne (f)	*Land*
canapé (m)	*keines pikantes Sandwich*
capable de	*fähig zu*
captivant	*spannend*
caractère (m)	*Charakter*
carotte (f)	*Karotte*
carré	*viereckig*
carte (f) postale	*Ansichtskarte*
casser	*zerbrechen*
casserole (f)	*Topf*
cause (f)	*Ursache, Grund*
ce	*dieser*
célerie (m)	*Sellerie*
cesser	*aufhören*
chagrin (m)	*Kummer*
chambre (f) à coucher	*Schlafzimmer*
chambre (f) d'amis	*Gästezimmer*
chance (f)	*Glück*
changer	*verändern*
chapelure (f)	*Semmelbrösel*
chaque	*jede /-r /-s*
chaud	*warm, heiß*
chaussette (f)	*Socke*
chemin (m)	*Weg*
chemise (f)	*Hemd*
chemisier (m)	*Bluse*
chèque (m)	*Scheck*
cheveux (m, Pl)	*Haare*
chocolat (m)	*Schokolade*
choisir	*auswählen*

choix (m)	*Auswahl*
chose (f)	*Ding, Sache*
cidre (m)	*Most*
cigare (m)	*Zigarre*
cœur (m)	*Herz*
cognac (m)	*Cognac*
colère (f)	*Zorn*
collection (f)	*Sammlung*
collègue (m/f)	*Kollege / Kollegin*
comme d'habitude	*wie gewöhnlich*
comme ci comme ça	*nicht gut nicht schlecht*
commencer	*beginnen*
compagnie (f)	*Gesellschaft*
compléter	*vervollständigen*
compliment (m)	*Kompliment, Lob*
concierge (m/f)	*Hausmeister/in*
confiance (f)	*Vertrauen*
confiture (f)	*Marmelade*
connaître	*wissen, kennen(lernen)*
connu	*bekannt*
consciencieux	*gewissenhaft, sorgfältig*
constamment	*dauernd*
convenir	*passen*
copain (m)	*Freund, Kamerad*
copie (f)	*Hausübung, Blatt, Kopie*
copine (f)	*Freundin, Kameradin*
cornet (m) de frites (f)	*Tüte Pommes frites*
correctement (adv)	*richtig*
côté (m)	*Seite*
couleur (f)	*Farbe*
couloir (m)	*Gang*
coup (m)	*Coup, Sache; Schlag*
couper	*schneiden*
courage (m)	*Mut*
couteau (m)	*Messer*
couvert (m)	*Gedeck*
couvrir	*bedecken*
crayon (m)	*Bleistift*
crayon (m) de couleur (f)	*Farbstift*
crème (f) au caramel	*Karamelcreme*
crêpe (f)	*Crêpe, Palatschinke*
croire à	*halten für*
croire bien faire	*es gut meinen*
croire en	*an jem. glauben, vertrauen*
croire	*glauben, meinen*
croûton (m)	*Brotwürfel*
cuiller, cuillère (f)	*Löffel*
cuillerée (f)	*Löffelvoll*
d'accord	*einverstanden*
début (m)	*Beginn*
déchiré	*zerrissen*
découvert	*entdeckt*
dedans	*drinnen*
dehors	*draußen*
déjeuner (m)	*Mittagessen*
déjeuner	*zu Mittag essen*
délicieux	*köstlich*
demi-litre (m)	*halber Liter*
départ (m)	*Abreise*
dépêcher (se)	*sich beeilen*
déposer	*dazugeben*
depuis	*seit*
déranger	*stören*
dernier	*letzter*
désespéré	*verzweifelt*
désirer	*wünschen, begehren*
dessert (m)	*Nachspeise*
dessin (m)	*Zeichnung*
dessiné	*gezeichnet*
détester	*verabscheuen*
devant	*vor (örtlich)*
devenir	*werden*
devinette (f)	*Rätsel*
diamant (m)	*Diamant*
Dieu (m)	*Gott*
difficile	*schwierig*
dimanche (m)	*Sonntag*
dîner (m)	*Abendessen*
dîner	*zu Abend essen*
divers	*verschieden*
dommage (m)	*Schaden*
dorer	*goldgelb backen*
dormir	*schlafen*
douleur (f)	*Schmerz*
drapeau (m)	*Fahne*
dur	*hart*
échelle (f)	*Leiter*
éclair (m)	*Blitz; Spritzgebäck*
égal	*gleich*
embrasser	*umarmen, küssen*
en bas	*unten*
en été (m)	*im Sommer*
en haut	*oben*
en retard	*zu spät*
enfant (m/f)	*Kind*
enfin	*schließlich, endlich*
ennuis (m, Pl)	*Schwierigkeiten, Ärger*
enquête (f)	*Umfrage*
enrichir	*anreichern, hinzugeben*
ensemble	*gemeinsam*
entier	*ganz*
entre	*zwischen*
envie (f)	*Lust*
environ	*zirka*
envoyer à qn.	*jemandem schicken*
envoyer qn.	*jemanden schicken*
épice (f)	*Gewürz*
erreur (f)	*Fehler, Irrtum*
escalope (f)	*Schnitzel*
étable (f)	*Stall*
étage (m)	*Stockwerk*
était	*war*
étaler	*Teig ausrollen*
étang (m)	*Teich*
état (m)	*Zustand*
été (m)	*Sommer*
études (f, Pl)	*Studium*
examen (m)	*Prüfung*
exemple (m)	*Beispiel*
expérience (f)	*Erfahrung*
expliquer	*erklären*
explosion (f)	*Explosion*
exposition (f)	*Ausstellung*
expression (f)	*Ausdruck*
exprimer	*ausdrücken, auspressen*
faisait (on)	*(man) machte*
fatigant	*anstrengend*
faute (f)	*Fehler*
fauteuil (m)	*Armsessel*
faux	*falsch*
féliciter	*beglückwünschen*
fenêtre (f)	*Fenster*
fermé	*geschlossen*
ferme	*steif, fest*

fêter	*feiern*
feuille (f)	*Blatt*
fève (f)	*Porzellanfigürchen*
figurine (f)	*Statue, Figur*
film (m) policier	*Krimi*
fin; fin (f)	*fein, Ende*
finir	*beenden*
fleur (f)	*Blume*
folie (f)	*Dummheit*
fondre / fondu	*schmelzen / geschmolzen*
fortune (f)	*Glück*
fouet (m)	*Schneebesen*
foule (f)	*Menge, Masse*
four (m)	*Backofen*
fourchette (f)	*Gabel*
fraise (f)	*Erdbeere*
friandise (f)	*Schleckerei, Leckerbissen*
frigidaire (m)	*Kühlschrank*
froid (m)	*Kälte*
froid	*kalt*
fromage (m) à pâte molle	*Weichkäse*
fromage (m) blanc	*Topfen*
fromage (m)	*Käse*
front (m)	*Stirn*
fumer	*rauchen*
gagner	*gewinnen*
gangster (m)	*Betrüger, Gangster*
garnir	*garnieren, verzieren*
gâteau (m)	*Kuchen, Torte*
gens (m, Pl)	*Leute*
giga	*toll*
glace (f)	*Eis*
gorge (f)	*Hals*
gousse (f) d'ail (m)	*Knoblauchzehe*
goutte (f) d'huile (f)	*Tropfen Öl*
goutte (f)	*Tropfen*
goutte de café	*Schluck Kaffee*
goutte de rhum (m)	*Schuss Rum*
gratte-ciel (m)	*Wolkenkratzer*
Grèce (f)	*Griechenland*
grimper	*klettern*
gros mot (m)	*Schimpfwort*
grossir	*dick werden*
*haricots (m) verts	*Fisolen*
*harpe (**la**)	*Harfe*
*haut	*hoch*
*hauteur (**la**)	*Höhe*
heureusement	*glücklicherweise*
heureux	*glücklich*
histoire (f)	*Geschichte*
hôpital (m)	*Spital*
horoscope (m)	*Horoskop*
*hors d'œuvre (**le**)	*Vorspeise*
huile (f)	*Öl*
huile d'olive (f)	*Olivenöl*
huître (f)	*Auster*
humeur (f)	*Stimmung*
humide	*feucht*
humour (m)	*Humor*
idiot (m)	*Dummkopf*
il y a	*vor (zeitlich)*
image (f)	*Bild*
incorporer	*beimengen*
infirmier/ère	*Pfleger/Krankenschwester*
ingrédient (m)	*Zutat*
insuffisant	*ungenügend*
intention (f)	*Absicht*
interview (f)	*Interview*
jeu (m) muet	*Pantomime*
jeu (m)	*Spiel*
jeunesse (f)	*Jugend*
joie (f)	*Freude*
jour (m)	*Tag*
journal/-aux (m)	*Zeitschrift/en*
journée (f)	*Tag*
jus (m) de fruits	*Fruchtsaft*
jusqu'à demain	*bis morgen*
jusqu'à midi (m)	*bis Mittag*
jusqu'à	*bis*
là-bas	*dort, da drüben*
lac (m)	*See*
laid	*hässlich*
langue (f)	*Sprache*
lapin (m)	*Hase*
lard (m) maigre	*Schinkenspeck*
large	*weit, breit, groß*
légumes (f, Pl)	*Gemüse*
levure (f) chimique	*Backpulver*
limonade (f)	*Limonade*
linge (m)	*Wäsche*
Londres	*London*
longtemps	*lange*
louer	*mieten, vermieten*
loyal	*loyal, treu*
lundi (m)	*Montag*
maigrir	*Gewicht abnehmen*
main (f)	*Hand*
mal (adv)	*schlecht*
mal à la gorge (avoir)	*Halsweh (haben)*
malade	*krank*
maladie (f)	*Krankheit*
malheureusement	*unglücklicherweise*
marteau (m)	*Hammer*
masque (m)	*Maske*
matin (m)	*Morgen*
mauvais	*schlecht*
mayonnaise (f)	*Mayonnaise*
méduse (f)	*Qualle*
meilleur	*besser*
mélange (m)	*Mischung*
membre (m)	*Mitglied*
même	*selbst, sogar*
menacé	*bedroht*
ménage (m)	*Haushalt*
mentir	*lügen*
mètre (m)	*Meter*
métro (m)	*U-Bahn*
mettre le couvert	*Tisch decken*
meuble (m)	*Möbel*
mignon	*herzig, süß*
milieu (m)	*Mitte*
mine (f)	*Gesichtsausdruck*
minuit (m)	*Mitternacht*
miroir (m)	*Spiegel*
moitié (f)	*Hälfte*
Mon Dieu!	*Mein Gott!*
monde (m)	*Welt, Leute*
montagne (f)	*Berg*
morceau (m)	*Stück*
mort (f)	*Tod*
mot (m)	*Wort*
motif (m)	*Grund, Motiv*
mouchoir (m)	*Taschentuch*
moule (m) à tarte	*Kuchenform*

mourir	*sterben*
moutarde (f)	*Senf*
muet	*stumm*
nager	*schwimmen*
naissance (f)	*Geburt*
nappe (f)	*Tischtuch*
nécessaire	*nötig*
neige (f)	*Schnee*
nettoyer	*reinigen*
Noël (m)	*Weihnachten*
noix (f)	*Nuss, Nüsse*
nouvelle (f)	*Neuigkeit*
noyer	*überfluten, ertränken*
nuage (m)	*Wolke*
nuit (f)	*Nacht*
numéro (m)	*Nummer*
obtenir / avoir obtenu	*erhalten / erhalten haben*
occasion (f)	*Gelegenheit*
occupé	*besetzt*
œil (m)	*Auge*
œuf (m)	*Ei*
oignon (m)	*Zwiebel*
olive (f)	*Olive*
ordinateur (m)	*Computer*
ordonner	*bestellen, befehlen*
original	*original, originell*
oublier	*vergessen*
pain (m) complet	*Vollkornbrot*
pantalon (m)	*(lange) Hose*
papier (m)	*Papier*
Pâques (f, Pl)	*Ostern*
paquet (m)	*Paket*
par ce beau temps	*bei diesem schönen Wetter*
par cœur (m)	*auswendig*
par jour (m)	*pro Tag*
parapluie (m)	*Regenschirm*
pardonner à qn.	*jemandem verzeihen*
parenté (f)	*Verwandtschaft*
parisien	*pariserisch*
parole (f)	*Wort*
partir	*weggehen,-fahren*
paquet (m)	*Paket*
passeport (m)	*Pass*
passer	*vergehen; vorbeigehen*
pâte (f) (voir: fromage)	*Teig*
pâtes (f, Pl)	*Nudeln*
patinage (m)	*Eislauf*
pays (m,Sg+Pl)	*Land, Länder*
peine (f)	*Schmerz, Kummer, Leid*
peler	*schälen*
pendant	*während*
perdre la tête	*den Verstand verlieren*
perdre	*verlieren*
perdu	*verloren*
persil (m)	*Petersil*
personne (f)	*Person*
petit déjeuner (m)	*Frühstück*
petit pain (m)	*Semmel*
petits pois (m, Pl)	*Erbsen*
peu	*wenig*
peur (f)	*Angst*
piano (m)	*Klavier*
pied (m)	*Fuß*
pierre (f)	*Stein*
pincée (f)	*Prise*
pipe (f)	*Pfeife*
piquer	*(an-)stechen*

pitié (f)	*Mitleid*
placard (m)	*Wandschrank*
placer	*plazieren, stellen*
plastique (m)	*Plastik*
plat (m)	*Platte, Gericht, Speise*
plausible	*glaubwürdig*
pleurer	*weinen*
pleuvoir	*regnen*
plongée (f)	*Tauchen*
plupart (f) (la ... des)	*die meisten*
plus grand	*größer*
plutôt	*lieber, eher*
pneumonie (f)	*Lungenentzündung*
poche (f)	*Manteltasche*
poème (m)	*Gedicht*
poire (f)	*Birne*
poisson (m)	*Fisch*
poivre (m)	*Pfeffer*
poivron (m)	*Paprika*
policier	*Kriminal-*
porc (m)	*Schweinefleisch*
portable (m)	*Handy*
porter	*tragen*
poste (m)	*Posten, Stellung*
pot (m)	*Topf*
potage (m)	*feine Suppe, Cremesuppe*
poudre (f) d'amandes (f)	*gemahlene Mandeln*
poupée (f)	*Puppe*
pourrait	*könnte*
préféré	*Lieblings-*
la première fois	*das/zum 1.Mal*
présenter	*vorstellen*
prêter à qn.	*jem. etw. borgen*
prétexte (m)	*Vorwand*
printemps (m)	*Frühling*
prix (m)	*Preis*
projet (m)	*Projekt*
promenade (f)	*Spaziergang*
promesse (f)	*Versprechen*
pull-over (m)	*Pullover*
quadrillé	*kariert*
quart (m)	*Viertel*
quel dommage	*wie schade*
quelque chose	*etwas*
quelquefois	*manchmal*
quelques	*einige*
querelle (f)	*Streit*
quiche (f) lorraine	*Speckkuchen*
quitter	*verlassen*
raison (f)	*Grund, Recht*
râpé	*gerieben*
rarement	*selten*
recette (f)	*Rezept*
recevoir	*erhalten, bekommen*
reconnaître	*(wieder)erkennen*
reçu (avoir)	*erhalten (haben)*
rédaction (f)	*Aufsatz*
rédiger	*verfassen*
refaire	*noch einmal machen*
réfléchir	*überlegen, nachdenken*
réfrigérateur (m)	*Kühlschrank*
regard (m)	*Blick*
régime (m)	*Diät*
région (f)	*Region*
relations (f, Pl)	*Verbindungen, Beziehungen*
relier	*verbinden*
remède (m)	*Medikament*

remplir	*einfüllen, vervollständigen*
remuer	*umrühren*
rencontrer	*treffen*
rendre une invitation	*Gegeneinlad. aussprechen*
rendre visite à qn.	*jem. besuchen*
rendre	*zurückgeben*
rénover	*renovieren*
renseignement (m)	*Auskunft*
répandre / répandu	*verschütten / verschüttet*
réparer	*reparieren*
repas (m)	*Mahlzeit, Essen*
réponse (f)	*Antwort*
reporter (m)	*Reporter*
reposer (laisser)	*rasten (lassen)*
réservation (f)	*Reservierung*
réserver	*reservieren*
réveiller	*aufwecken*
roman (m)	*Roman*
rondelle (f)	*Scheibe*
rouler	*fahren*
Roumanie (f)	*Rumänien*
saint	*heilig*
saladier (m)	*Salatschüssel*
sale	*schmutzig*
santé (f)	*Gesundheit*
saumon (m)	*Lachs*
saupoudrer	*bestreuen*
sec	*trocken*
secrétaire (m/f)	*Sekretär/in*
séjour (m)	*Aufenthalt*
semaine (f)	*Woche*
s'entendre	*sich verstehen*
sentiment (m)	*Gefühl*
sentir	*fühlen*
sérieux	*ernst, gewissenhaft*
serviable	*hilfsbereit*
servir	*servieren, aufwarten*
sévère	*streng*
si	*wenn, falls; ob*
s'occuper de	*sich kümmern um*
sœur (f)	*Schwester*
soie (f)	*Seide*
soigner	*pflegen*
soit ... soit	*entweder ... oder*
somme (f)	*Summe*
sommeil (m)	*Schlaf*
sonate (f)	*Sonate*
sortir	*ausgehen*
soupe (f)	*Suppe*
sourire	*lächeln*
souvent	*oft*
statue (f)	*Statue*
sucre (m) en poudre (f)	*Staubzucker*
suivant	*folgend*
surprise (f)	*Überraschung*
symptôme (m)	*Symptom, Anzeichen*
tableau (m)	*Tafel*
tâche (f)	*Aufgabe*
tard	*spät*
tarte (f)	*Kuchen, Obstkuchen*
tartine (f)	*Butterbrot*
téléphérique (m)	*Seilbahn*
tempête (f)	*Sturm*
temps (m)	*Wetter, Zeit*
tête (f) de salade (f)	*Salatkopf*
théâtre (m)	*Theater*
thon (m)	*Thunfisch*
toboggan (m)	*Rutsche*
tomber (par terre)	*(auf den Boden) fallen*
tort (m)	*Unrecht*
tôt	*früh, bald*
tour (f)	*Turm*
tour (m)	*Tour, Reise; Reihe*
tousser	*husten*
tout à coup	*plötzlich*
tout de suite	*sofort*
tout le monde	*alle*
tout le temps	*die ganze Zeit*
tout	*alles, ganz*
traduire	*übersetzen*
tranche (f)	*Schnitte, Scheibe*
travail/travaux (m)	*Arbeit/en*
traverser	*überqueren*
triste	*traurig*
trop	*zu*
tumeur (f)	*Tumor*
turbulent	*wild, ungestüm*
usé	*abgenutzt*
usine (f)	*Fabrik*
utile	*nützlich, brauchbar*
vacances (f, Pl)	*Ferien*
valise (f)	*Koffer*
vanilline (f)	*Vanillin*
vélo (m)	*Fahrrad*
vendeuse (f)	*Verkäuferin*
vent (m)	*Wind*
vérité (f)	*Wahrheit*
vêtements (m, Pl)	*Kleidung*
viande (f)	*Fleisch*
vie (f)	*Leben*
viendra (il)	*er wird kommen*
viennois	*wienerisch*
vieux, vieil, vieille	*alt*
vinaigre (m)	*Essig*
visiteur (m), -euse (f)	*Besucher/in*
vite (adv.)	*schnell*
vœu / vœux (m)	*Wunsch / Wünsche*
voir aussi	*siehe auch*
voisin/-e	*Nachbar/in*
voix (f)	*Stimme*
voleur (m)	*Dieb*
volume (m)	*Band*
voudrais (je)	*ich möchte*
voyage (m)	*Reise*
voyager	*reisen*
vrai (adj.)	*tatsächlich, wahr*
vraiment (adv.)	*tatsächlich, wirklich*
vue (f)	*Sehen, Sicht*
week-end (m)	*Wochenende*
whisky (m)	*Whisky*
y	*hier, dort, dahinein*
yaourt (m)	*Joghurt*
yeux (m, Pl)	*Augen*

CLÉ

page 2

1. fini
2. parti**s** *(voir aussi:* ☺ **I**, p 87/2*)*
3. finit
4. sorti**e** *(voir aussi:* ☺ **I**, p 87/2*)*
5. dormi
6. finis / as fini
7. sortez
8. part
9. Dors! / Dormez!
10. finissent
11. est sorti *(voir aussi:* ☺ **I**, p 87/2*)* / sort
12. partons
13. Finissez
14. dormez, dormons / avez dormi, avons dormi
15. parti(**e**) / parti**s** / parti**es** *(voir aussi:* ☺ **I**, p 87/2*)*
16. sommes sorti**s** / sorti**es** *(voir aussi:* ☺ **I**, p 87/2*)*
17. finit
18. part / est parti
19. sortent / sont sorti**es** *(voir aussi:* ☺ **I**, p 87/2*)*
20. Finis
21. dorment
22. partent / sont parti**s** *(voir aussi:* ☺ **I**, p 87/2*)*
23. finir
24. reparti**e** *(voir aussi:* ☺ **I**, p 87/2*)*
25. fini
26. Partir
27. dort / a dormi
28. sortir
29. fini
30. dort
31. Sors! / Sortons! / Sortez!
32. fini
33. parti**e** *(voir aussi:* ☺ **I**, p 87/2*)*
34. dormi
35. fini**e**
36. pars / es parti(**e**)
37. fini
38. dormi
39. partir
40. finissent / ont fini

page 3

Es gibt ***verschiedene*** *Lösungsmöglichkeiten. Hier eine Auswahl:*

1. Il est / Je suis / On est / Tu es
2. Tu as / Vous avez
3. Nous sommes / Vous êtes / Ils sont
4. Vous avez
5. Il est / Je suis / On est / Tu es
6. Elle est
7. J'ai / Tu as / Il a / Elle a / On a / Nous avons / Vous avez / Ils ont / Elles ont
8. Elles sont
9. Il est / Je suis / On est / Tu es
10. Ils sont / Nous sommes / Vous êtes
11. Ils ont / Elles ont
12. J'ai / Tu as / Il a / Elle a / On a / Nous avons / Vous avez / Ils ont / Elles ont
13. Elles sont / Nous sommes / Vous êtes
14. Je suis / Tu es / Elle est / Vous êtes *(Höflichkeitsform weiblich)*
15. Ils sont / Nous sommes / Vous êtes
16. J'ai / Tu as / Il a / Elle a / On a / Nous avons / Vous avez / Ils ont / Elles ont
17. Elle a / Il a
18. J'ai / Tu as / Il a / Elle a / On a / Nous avons / Vous avez / Ils ont / Elles ont
19. Elle est / Vous êtes *(Höflichkeitsform weiblich)*
20. Elles sont / Vous êtes
21. Ils sont / Nous sommes / Vous êtes
22. Elle est / Vous êtes *(Höflichkeitsform weiblich)* / Je suis / Tu es
23. Elle est / Je suis / Tu es / Vous êtes *(Höflichkeitsform weiblich)*
24. Ils sont / Nous sommes / Vous êtes
25. Elle est
26. elles sont
27. Nous sommes / Vous êtes / Elles sont
28. Je suis / Tu es / Elle est
29. Je suis / Tu es / Il est / On est
30. Elle est / Tu es / Vous êtes *(Höflichkeitsform weiblich)*
31. Elle est
32. Tu as
33. Elle est / Je suis / Tu es
34. Elle est
35. Nous sommes / Vous êtes / Elles sont
36. Il est / On est / Je suis / Tu es
37. Elle sont
38. J'ai / Tu as / Il a / Elle a / On a / Nous avons / Vous avez / Ils ont / Elles ont

pages 4/5

1. a visité
2. a eu
3. sommes monté(**e**)**s**
4. est descendu**e**
5. avez appris
6. n'a rien compris
7. est allé**e**
8. est venu
9. as fait
10. êtes arrivé / arrivé**e** / arrivé(**e**)**s**
11. avons été
12. sommes allé**s**
13. a appris
14. avez vu
15. est né**e**
16. a vendu
17. avons dû
18. a bu
19. a offert
20. est resté**e**

21. ont posé
22. as fait
23. a dit
24. a voulu
25. a écrit
26. a mis
27. avons pris
28. a compris
29. n'ont pas pu
30. sont venu**es**
31. avons nagé
32. est sorti**e**
33. a couru
34. est tombé**e**
35. sont parti**es**
36. est mort**e**
37. ont grimpé
38. ont volé
39. ont sauté
40. as fini
41. a mangé
42. ai ... dormi
43. a dû
44. ont fini
45. suis allé(**e**)
46. ai travaillé
47. est resté**e**
48. a fait
49. es ... monté**e**
50. a ... compris
51. avons attendu, n'est pas venu**e**
52. a été, est resté**e**
53. avons passé
54. sont venu**es**
55. a pleuré, est tombé**e**
56. as entendu, a dit
57. avez fait
58. es né**e**
59. n'est pas encore rentré**e**
60. ai ... mangé
61. sont allé**s**
62. est devenu**e**
63. avez pris
64. avez vu
65. est venu**e**
66. a été
67. sommes descendu(**e**)**s**
68. as habité
69. avez ... lu
70. a mis
71. avons ... attendu
72. ai pris
73. a eu
74. a cherché
75. sommes venu(**e**)**s**
76. n'a pas pu
77. avez parlé
78. a vendu
79. a ouvert
80. est parti**e**

page 10

1. moi
2. eux / elles
3. toi
4. lui / elle
5. nous
6. eux / elles
7. vous
8. nous
9. moi, moi
10. eux /elles
11. moi
12. moi / lui / elle
13. lui / elle
14. toi
15. moi / lui / elle
16. toi
17. lui
18. moi
19. vous
20. eux /elles
21. lui
22. nous
23. vous
24. toi / moi
25. toi
26. moi
27. lui / elle
28. lui / elle
29. eux / elles
30. eux / elles
31. toi
32. moi
33. moi
34. toi
35. moi / toi
36. toi
37. nous
38. lui / elle
39. toi
40. vous
41. eux / elles

pages 11/12

1. Moi, toi (règle 1)
2. Moi, toi (règle 1)
3. lui (règle 1)
4. Elle (règle 8)
5. moi (règle 4)
6. toi-même (6)
7. vous, moi (3)
8. lui / elle (4)
9. Moi / Nous / Elle / Lui (2)
10. Toi (1)
11. lui-même (6)
12. Toi, moi / Elle, moi / Lui, moi / Toi, nous (1)
13. toi, moi / elle, elle / lui, lui / vous, moi (3)
14. moi (5)
15. eux (10)
16. elles-mêmes (6)
17. elle (1)

18. lui (3)
19. eux / elles (5)
20. toi, moi (4)
21. toi / vous (7)
22. eux / elles (4)
23. nous (5)
24. elle / lui (4)
25. toi (10)
26. toi (9)
27. nous (5)
28. eux-mêmes (6)
29. Toi (8)
30. moi / toi / lui / nous (8)
31. lui (9)
32. vous (5)
33. lui (9)
34. elle (10)
35. Eux (8)
36. eux (10)
37. toi / vous (10)
38. moi (10)
39. elle (10)
40. moi / toi / lui / nous / vous
    Anmerkung:
    *bei **elle**, **elles**, **eux** müsste **qu'** stehen*
41. moi, toi (1)
42. Lui (1)
43. toi (10)
44. moi / toi / lui / elle / nous / vous / eux/elles (10)
45. Elle, lui (1)
46. Lui (1)
47. Moi, vous (1)
48. moi (4) , moi (10)
49. Elle, lui (1)
50. toi, Moi (1)
51. Moi, toi (1)
52. Toi (1)
53. nous (10)
54. lui (8), toi (11)
55. Moi (1)
56. lui (2)
57. eux (1)
58. moi / toi / lui / elle / nous / vous / eux/elles (10)
59. eux, lui (10)
60. Eux, elles (1)
61. Nous, vous (1)
62. Lui (1)
63. elles (10)
64. moi / toi / lui / elle / nous / vous / eux/elles (10)
65. Moi (1)
66. toi (5)
67. moi / toi / lui / elle / nous / vous / eux/elles (10)
68. moi (1), moi (11)
69. elles (10)
70. lui (1)
71. elle (10)
72. Lui (8)
73. moi (4)
74. Elle (1)
75. Toi (6)
76. toi (4)
77. vous (10)

page 14

1. perdu
2. employé
3. croyons
4. pleut
5. Nettoie
6. perds / perdons / perdez
7. crois
8. emploie / employons / employez
9. nettoyer
10. croit / a cru
11. croire
12. employé**e**
13. perdent / ont perdu
14. Nettoie
15. cru
16. perdu
17. nettoie
18. Rendez
19. croit / a cru (e)
    Zur Übereinstimmung mit vorangestelltem pronom objet direct *siehe* ☺ **III**)
20. crois, perd / a perdu
21. nettoyons / avons nettoyé
22. perdre
23. croient / ont cru
24. pleut / a plu
25. perds
26. Nettoyez
27. cru
28. perdu
29. nettoie / a nettoyé
30. rendu
31. pleuvoir
32. crois, crois
33. nettoyé
34. croyez
35. perdre
36. plu
37. noie / a noyé
38. Crois / Croyons / Croyez
39. nettoient / ont nettoyé
40. perd

pages 20/21/22/23

1. **de la** (p 15/règle 1)
2. **les** (☺ **I**, p 62/1)
3. **de la** (p 15/règle 1)
4. **de** (☺ **I**, p 82/2; ☺ **II**, p 18/règle 6)
5. **du, du** (p 15/règle 1)
6. **des** (p 15/règle 1)
7. **de** (☺ **I**, p 82/2; ☺ **II**, p 18/règle 6)
8. **de l'** (p 15/1)
9. **du, du** (p 15/1),
   de (☺ **I**, p 81/1; ☺ **II**, p 18/règle 6)
10. **de** (☺ **I**, p 81/1; ☺ **II**, p 18/règle 6)
11. **le / du** (p 15/1), **de la** (p 16/2)
12. **des** (p 15/1)
13. **du, des** (p15/1)
14. **de** (☺ **I**, p 81/1; ☺ **II**, p 18/règle 6)
15. **de** (☺ **I**, p 81/1; ☺ **II**, p 18/6)

16. **de** (☺ **I**, p 81/1; ☺ **II**, p 18/6)
17. **les, les** (☺ **I**, p 62/1)
18. **de la, des** (p 15/1)
19. **du** (p 15/1), **de** (☺ **I**, p 81/1; ☺ **II**, p 18/6)
20. **de** (☺ **I**, p 81/1; ☺ **II**, p 18/6)
21. **des** (p 15/1), **un** (zählbar)
22. **du, de l'** (p 15/1)
23. **de** (☺ **I**, p 82/2; ☺ **II**, p 18/6),
    de (☺ **I**, p 81/1; ☺ **II**, p 18/ 6)
24. **un** (zählbar), **de** (☺ **I**, p 81/1; ☺ **II**, p 18/6),
    une (zählbar), **un, un,**
    de (☺ **I**, p 81/1; ☺ **II**, p 18/6),
    une, une, de (☺ **I**, p 81/1; ☺ **II**, p 18/6),
    de la (p 16/2), **X** (p 16/2/Ausnahme)
25. **de** (☺ **I**, p 81/1; ☺ **II**, p 18/6),
    de (☺ **I**, p 81/1; ☺ **II**, p 18/6),
    de (☺ **I**, p 81/1; ☺ **II**, p 18/6),
    de (☺ **I**, p 81/1; ☺ **II**, p 18/6),
    de (☺ **I**, p 81/1), **de** (☺ **I**, p 81/1),
    de (☺ **I**, p 81/1), **de** (☺ **I**, p 81/1),
    du (p 15/1)
26. **X** (p 16/Merke)
27. **de** (p 19/7)
28. **du** (p 19/Merke 1)
29. **de la** (p 17/4)
30. **d'** (☺ **I**, p 82/2)
31. **de la, du** (p 15/1; ☺ **I**, p 71)
32. **de la** (p 15/1)
33. **de l'** (p 15/1), **d'** (☺ **I**, p 82/2; ☺ **II**, p 18/6)
34. **du, du** (p 15/1, p 19/Merke 3)
35. **du** (p 15/1)
36. **de** (☺ **I**, p 82/2; ☺ **II**, p 18/6)
37. **des** (p 15/1), **De(s)** (p 18/5/Merke)
38. **X** (p 16/Merke)
39. **les** (p 16/Merke)
40. **des** (p 17/3)
41. **du, de la** (p 15/1; (☺ **I**, p 71)
42. **de la** (p 17/3)
43. **des** (p 17/3)
44. **de la, des** (p 15/1)
45. **du, du** (p 15/1)
46. **X** (p 16/Merke)
47. **du** (p 16/2)
48. **X** (p 16/2/Ausnahme)
49. **des** (p 17/3), **des** (p 18/5/Aber)
50. **X** (p 17/3/Merke)
51. **X** (p 16/2/Ausnahme)
52. **X** (p 17/3/Merke)
53. **des** (p 16/2)
54. **d'** (p 17/3/Merke)
55. **de** (p 19/7)
56. **les** (p 16/Merke)
57. **du** (p 17/3)
58. **du** (p 16/2)
59. **X** (p 17/3/Merke)
60. **X** (p 16/Merke)
61. **du** (p 17/4), **le** (☺ **I**, p 62/1; ☺ **II**, p 17/4)
62. **X** (p 16/2/Ausnahme)
63. **du** (p 17/4)
64. **de** (p 18/6)
65. **du** (p 19/7/Merke 1)
66. **de** (p 19/7)
67. **de** (☺ **I**, p 81/1), **des** (p 15/1)
68. **de** (p 19/7)
69. **du** (p 19/7/Merke 1)
70. **des, des** (p 19/7/Merke 3)
71. **de** (p 19/7)
72. **X** (p 16/Merke), **d'** (☺ **I**, p 81/1)
73. **X** (p 16/Merke),
    de l<u>a</u> (l<u>a</u>*harpe = h aspiré) (☺ **I**, p 71)
74. **de** (p 19/7)
75. **X** (p 16/Merke), **de** (☺ **I**, p 82/2)
76. **X** (p 16/Merke), **du** (p 15/1)
77. **de la** (p 18/5), **de la** (p 15/1),
    des (p 18/5/Aber), **des** (p 15/1), **des** (p 15/1)
78. **du** (p 15/1)
79. **du** (p 15/1), **des** (p 18/5/Aber)
80. **Du, de la**, **de la** (p 15/1)
81. **de, de** (☺ **I**, p 82/2)
82. **les** (☺ **I**, p 62/1; ☺ **II**, p 17/4)
83. **de la** (☺ **I**, p 71), **le** (☺ **I**, p 62/1)
84. **des** (p 16/2)
85. **de** (p 19/7), **de la** (p 15/1)
86. **X** (p 16/2/Ausnahme)
87. **Des** (p 18/5/Aber), **des** (p 15/1)
88. **du, de l'** (p 19/7/Merke 3)
89. **du** (p 15/1), **X** (p 16/2/Ausnahme),
    du (p 16/2), **de** (p 18/6)
90. **de** (☺ **I**, p 81/1), **de** (☺ **I**, p 81/1)
91. **du, du** (p 16/2)
92. **de la, des, des, des** (p 15/1), **d'** (p 17/3/Merke),
    de l' (p 19/7/Merke 1), **du** (p 19/7/Merke 1),
    X (p 16/2/Ausnahme)
93. **de** (☺ **I**, p 81/1), **des** (p 18/5/Aber)
94. **les, les** (☺ **I**, p 62/1)
95. **X** (p 16/2/Ausnahme), **un, des, du, du** (p 15/1),
    de (☺ **I**, p 81/1)
96. **de** (☺ **I**, p 81/1), **du** (p 15/1)
97. **X** (p 16/2/Ausnahme)
98. **la** (☺ **I**, p 62/1), **du** (p 16/2)
99. **de** (☺ **I**, p 81/1), **des** (p 15/1)
100. **des** (p 15/1), **de** (☺ **I**, p 81/1),
    des, des, des, des (p 15/1)
101. **du** (p 15/1), **le** (p 16/Merke)
102. **du** (p 18/5)
103. **d'** (p 19/7)
104. **de** (p 19/7)
105. **du** (p 15/1), **du** (p 19/7/Merke 1)
106. **de(s)** (p 18/5/Merke)
107. **d'** (☺ **I**, p 81/1)
108. **d'** (p 19/7)
109. **la** (☺ **I**, p 62/1)
110. **de la** (p 17/4)
111. **du** (p 17/4)
112. **du** (p 17/3)
113. **des** (p 17/3), **de** (p 18/6)
114. **d'** (p 18/6)
115. **de** (p 18/6)
116. **de** (p 18/6)
117. **de** (p 18/6)
118. **d'** (p 19/7)
119. **d'** (p 19/7)
120. **de(s)** (p 18/5/Merke)
121. **de la, de la, du** (p 19/7/Merke 3)
122. **de** (p 19/7), **le** (☺ **I**, p 62/1)
123. **X** (p 16/2/Ausnahme)
124. **du** (p 15/1)
125. **d'** (p 18/5/Merke)
126. **le, Le, Le** (bestimmt)
127. **X** (p 16/Merke)
128. **du** (p 19/7/Merke 1)
129. **de** (p 19/7)
130. **des** (p 19/7/Merke 1)
131. **du, de la, du, de la, du / des** (p 15/1)

132. de (p 19/7)
133. X, X (p 19/7/Merke 2)
134. les / des (p 19/7/Merke 3)
135. des, des (p 19/7/Merke 1)
136. Des (p 15/1)
137. de (p 19/7)
138. de (p 19/7), **un** (zählbar)
139. des (p 19/7/Merke 1)
140. des (p 15/1)
141. un (zählbar), **d'** (p 18/6), **X** (p 16/Merke)
142. de (p 19/7)
143. X (p 16/Merke)
144. des, des (p 19/7/Merke 1)
145. X, X (p 19/7/Merke 2)
146. X (p 16/Merke)
147. de (p 19/7)
148. le / du (p 15/1)
149. X (p 16/Merke)

page 27

1. Il nous faut nos livres de français. (p 25/4) / Nous avons besoin **de** nos livres de français. (p 26/4)
2. Il me faut faire une tarte. (p 25/4) / J'ai besoin **de** faire une tarte. (p 27/7)
3. Il faut encore du sucre. (p 24/1) / On a encore besoin **de** sucre. (p 26/1)
4. Il nous faut un manteau. (p 25/4) / Nous avons besoin **d'**un manteau. (p 26/3)
5. Il te faut la bicyclette / le vélo aujourd'hui? (p 25/4) / Tu as besoin **de** la bicyclette / **du** vélo aujourd'hui? (p 26/2)
6. Il vous faut ce crayon? (p 25/4) / Vous avez besoin **de** ce crayon? (p 26/5)
7. Il ne nous faut pas de bière. (p 24/2) / On n'a pas besoin **de** bière. (p 26/1)
8. Il lui faut de l'argent. (p 24/3) / Elle a besoin **d'**argent. (p 26/1)
9. Il lui faut un paquet de cigarettes. (p 25/4) / Il a besoin **d'**un paquet de cigarettes. (p 26/3)
10. Il me faut vingt œufs. (p 25/4) / J'ai besoin **de** vingt œufs. (p 27/6)
11. Il ne faut plus de sucre. (p 24/2) / On n'a plus besoin **de** sucre. (p 26/1)
12. Il faut / Il nous faut des fruits. (p 24/1; p 24/3) / On a besoin / Nous avons besoin **de** fruits. (p 26/1)
13. Il te faut encore l'échelle? (p 25/4) / Tu as encore besoin **de** l'échelle? (p 26/2)
14. Il leur / vous faut un chat / une chatte. (p 25/4) / Ils / Elles ont besoin **d'**un chat / **d'**une chatte. / Vous avez besoin **d'**un chat / **d'**une chatte. (p 26/3)
15. Pour la fête il nous faut encore du pain et des boissons. (p 24/3) / Pour la fête nous avons encore besoin **de** pain et **de** boissons. (p 26/1)
16. Il (nous) faut aller plus vite. (p 25/5; p 25/4) / Nous avons besoin **d'**aller plus vite. (p 27/7)
17. Il ne faut pas mentir. (p 25/6) (Eine Übersetzung mit *avoir besoin* ist hier nicht gebräuchlich.)
18. Il lui faut la recette pour cette sauce. (p 25/4) / Elle a besoin **de** la recette ... (p 26/2)
19. Il me faut écrire une lettre. (p 25/4) / J'ai besoin **d'**écrire une lettre. (p 27/7)
20. Il me faut l'argent qui est sur mon bureau. (p 25/4) / J'ai besoin **de** l'argent qui est sur ... (p 26/2)
21. Pour la tarte aux pommes il nous faut encore 5 pommes (p 25/4), de la confiture (p 24/3), du lait (p 24/3), 250 g de farine (p 25/4), deux œufs (p 25/4) et un peu de rhum. (p 25/4) / Pour la tarte aux pommes nous avons encore besoin **de** 5 pommes (p 27/6), **de** confiture (p 26/1), **de** lait (p 26/1), **de** 250 g de farine (p 27/6), **de** 2 œufs (p 27/6) et **d'**un peu de rhum (p 26/3).
22. Il lui faut une bouteille de vin. (p 25/4) / Il a besoin **d'**une bouteille de vin. (p 26/3)
23. Il lui faut cent grammes de fromage. (p 25/4) / Elle a besoin **de** cent grammes de fromage. (p 27/6)
24. Il te faut combien de lait? / Combien de lait est-ce qu'il te faut? (p 25/4) / Tu as besoin **de** combien de lait? / **De** combien de lait est-ce que tu as besoin? (p 26/1)
25. Il me faut ta clé de voiture. (p 25/4) / J'ai besoin **de** ta clé de voiture. (p 26/4)
26. Est-ce qu'il lui faut encore quelque chose? (p 25/4) Est-ce qu'il a encore besoin **de** quelque chose? (p 26/1)
27. Il (nous) faut du lait pour le week-end. (p 24/1; p 24/3) Nous avons / On a besoin **de** lait pour le week-end. (p 26/1)
28. Il faut un bon ami. (p 25/4) On a besoin **d'**un bon ami. (p 26/3)
29. Il ne faut plus de vinaigre. (p 24/2) On n'a plus besoin **de** vinaigre. (p 26/1)
30. Il vous faut encore une feuille de papier? (p 25/4) Vous avez encore besoin **d'**une feuille de papier? (p 26/3)

page 28

1. d' (p 26/règle 1), **de** (p 27/règle 6), **de** (p 18/ règle 6)
2. du (p 24/1)
3. de (p 26/4)
4. de (p 26/5)
5. des (p 24/3), **de** (p 18/6), **de** (p 18/6), **X** (p 25/4), **d'** (p 18/6), **de** (p 18/6), **des** (p 24/3), **d'** (p 18/6), **de** (p 18/6), **de** (p 18/6), **de** (p 18/6)
6. de (p 26/1)
7. de (p 24/2)
8. de (p 26/1)
9. de (p 26/1)
10. des (p 24/3)
11. de (p 26/4)

12. **de(s)** (p 24/1; p 18/5/ Merke)
13. **de** (p 26/1)
14. **de** (p 26/4)
15. **X** (p 25/4)
16. **de** (p 27/6)
17. **du, du** (p 24/3)
18. **de la** (p 26/2)
19. **du** (p 24/1)
20. **d'un** (p 26/3)
21. **un** (p 25/4)
22. **d'** (p 26/1)
23. **des** (p 24/3)
24. **de** (p 26/1)
25. **de** (p 24/2)
26. **un** (p 25/4)
27. **de** (p 26/1)
28. **du** (p 24/1)
29. **de la** (p 26/2) / **de ta** (p 26/4)
30. **le** (p 25/4)
31. **du** (p 26/2)
32. **des** (p 24/3)
33. **les** (p 25/4)
34. **d'** (p 26/1)
35. **de l'** (p 26/2)

pages 32/33/34

Soupe à l'oignon: Les ingrédients:

cinq gros oignons
70 g **de** beurre
2 cuillerées **de** farine
du sel, **du** poivre
150 g **de** fromage râpé (emmental / gruyère)
150 g **de** croûtons

Épluchez **les** oignons et coupez-les en rondelles fines. Faites fondre **le** beurre dans **une** casserole et mettez **les** oignons à dorer. Ensuite, ajoutez deux cuillerées **de** farine et remuez bien. Versez deux litres **d'**eau bouillante. Salez et poivrez et laissez cuire 15 minutes. Servez très chaud, saupoudré **de** persil haché et accompagné **de** croûtons et **de** fromage râpé. Bon appétit!

Vinaigrette: Les ingrédients:

du sel
du poivre
du vinaigre
une cuillerée **de** moutarde
1 petit oignon haché
4 cuillerées **d'**huile

Mélanger **le** sel et **le** poivre dans **un** saladier. Puis verser **le** vinaigre et remuer bien avec **la** moutarde. Ajouter **l'**oignon haché et **l'**huile et battre avec **une** fourchette.

Salade niçoise: Les ingrédients:

trois tomates
un artichaut
une gousse **d'**ail
deux œufs durs
un poivron vert / jaune
une boîte **de** maïs
du vinaigre
une pincée **de** sel
deux oignons
un céleri
une salade verte
un poivron rouge
des olives
une boîte **d'**anchois
de l'huile
du poivre

Pelez et coupez **les** oignons en rondelles fines. Dans un grand saladier mélangez **les** oignons, **l'**huile et **le** vinaigre. Salez et poivrez. Ajoutez-y **les** tomates coupées en tranches. Faites blanchir **le** céleri et **l'**artichaut (5 minutes) à l'eau salée et coupez-les. Lavez **la** salade et mélangez bien tous les ingrédients. Décorez **de** persil et garnissez avec **les** œufs coupés en morceaux et **les** olives. Servez bien frais.

Quiche Lorraine Les ingrédients:

pour la pâte:
250 g **de** farine
2 jaunes d'œufs
150 g **de** beurre
du sel

pour le mélange:
200 g **de** lard maigre
300 g **de** fromage (gruyère)
4 œufs entiers
du sel
du poivre
de la noix muscade râpée

Travaillez vite **la** farine, **les** jaunes d'œufs, **le** beurre et **le** sel. Laissez reposer la pâte une demi-heure dans le frigidaire. Coupez **le** lard maigre et **le** fromage en tranches fines. Mélangez bien **les** œufs et **les** épices. Étalez la pâte, mettez-la dans un moule à tarte, piquez-la à la fourchette et couvrez avec **le** lard et **le** fromage. À la fin versez le mélange d'œufs sur la pâte.
Mettez la quiche 40 minutes au four.

Beignets aux pommes:

Les ingrédients:
150 g **de** farine
2 jaunes d'œufs
1 verre **de** bière
1 cuillerée à soupe **de** rhum

Mettez 150 g **de** farine dans une terrine et déposez-y une pincée **de** sel, deux jaunes **d'**œufs, un verre **de** bière et **du /le** rhum. Travaillez bien avec une cuiller en bois. Laissez reposer la pâte une heure. Coupez **les** pommes en rondelles et mettez-les dans la pâte et versez-les dans une friture.
Servez très chaud avec **du** sucre en poudre.

Crème au citron au vin blanc:

Les ingrédients:
3 citrons
110 g **de** sucre
2 verres **de** vin blanc
7 jaunes d'œufs battus
quelques gouttes **de** cognac

Exprimez **le** jus de trois citrons, mettez-le dans une casserole avec 110 g **de** sucre, ajoutez 2 verres **de** vin blanc et 7 jaunes d'œufs battus. Versez quelques gouttes **de** cognac. Mettez la casserole dans le bain-marie sur feu moyen et battez au fouet constamment. La crème est prête quand elle est molle et épaisse.

Gâteau au chocolat:

Les ingrédients:
125 g **de** sucre
3 jaunes d'œufs
100 g **de** chocolat
75 g **de** beurre
3 blancs d'œufs battus en neige
75 g **de** poudre d'amandes
1 œuf entier
100 g **de** farine

Travaillez bien **le** sucre, **les** amandes, **les** jaunes d'œufs et **l'**œuf entier. Ajoutez **le** chocolat fondu. Incorporez **la** farine et **les** blancs d'œufs battus en neige ferme. À la fin mélangez-y **le** beurre fondu. Faites cuire au four 40 minutes environ.

pages 35/36

1. comme *(wie ein Meister) (règle 1)*
2. Comment *(règle 1)*
3. Comme *(2)*
4. comment *(1)*
5. Comme *(2)*
6. comme *(schnell wie der Blitz) (1)*
7. comment *(2)*
8. comme *(1)*
9. comme *(1)*
10. comme *(1)(unten wie oben)*
11. Comment *(1)*
12. comme *(1)*
13. comment *(2)*
14. comme *(blöd wie ich bin) (1)*
15. comment *(1)*
16. Comme *(2)*
17. comme *(weiß wie Schnee) (1)*
18. comme *(1)*
19. Comment *(1)*
20. comme *(1)*
21. Comment *(1)*
22. comme *(1)*
23. comme *(wie ausgestorben) (1)*
24. comment *(2)*
25. comme *(Sie verstehen sich gut so wie früher.) (1)*
26. Comment *(1)*
27. comme *(1)*
28. comment *(2)*
29. Comme *(3)*
30. comme *(1)*
31. Comment *(Wie steht es mit Ihrer Gesundheit?(1)*
32. comme *(4)*
33. Comment *(1)*
34. Comme *(3)*
35. comme *(1)*
36. comment *(1)*
37. Comme *(4)*
38. Comment *(1)*
39. comme *(1)*
40. comment *(2)*
41. comme *(1)*
42. Comment *(Wie soll ich das machen?) (1)*
43. comme *(1)*
44. Comment *(1)*
45. Comme *(Als Bücher hat er nur Comics.) (4)*
46. comment *(2)*
47. Comme *(3)*
48. Comment *(1)*
49. comme *(1)*
50. Comme *(1)*
51. Comme *(2)*
52. Comment *(1)*
53. comme *(Er ist wie gewöhnlich zu spät dran.) (1)*
54. comment *(2)*
55. comme *(1) (Sie ist eiskalt.)*
56. comment *(2)*
57. Comme *(4)*
58. Comment *(1)*, comme *(1)*, comme *(1)*
(Na ja, es geht schon. / So recht und schlecht.)

page 38

***Mehrere** Lösungen sind möglich.*
*Hier nur **einige** Vorschläge.*

1. peux
2. peut
3. veux / voudrais, dois
4. veut / voudrait
5. dû / pu / voulu
6. dois / devrais
7. peut / pourrait, pouvons / pourrions, voulez *(Achtung! Regel: Im si-Satz **kein** Konditional möglich!)*
8. peuvent / pourraient, peut / pourrait
9. veux / voudrais
10. veux / voudrais, dois, peux / pourrais
11. dû
12. peut / pourrait, peux, dois
13. voulez / voudriez, veux / voudrais
14. peux / pourrais, doit / devrait / veut / voudrait
15. veulent / voudraient / ont voulu
16. peux / pourrais / veux *(Achtung! Regel: Im si-Satz **kein** Konditional möglich!)*
17. peut
18. voulez / voudriez, veux / voudrais
19. devez
20. peux / pourrais / veux / voudrais
21. veut
22. pu
23. pouvez / pourriez
24. dû / pu / voulu
25. pouvons / voulons, doit / veut
26. voulu / pu
27. pu
28. pouvez / pourriez, voulez *(Achtung! Regel: Im si-Satz **kein** Konditional möglich!)*
29. pu / voulu / dû
30. devez / devriez

pages 45/46/47

1. nouveau (☺ I, p 54/7)
2. joyeuse (p 42/6)
3. neufs (p 40/3)
4. joyeuse (p 42/6)
5. consciencieux (p 42/6)
6. folle (p 44/11)
7. petits (p 39/1)
8. nouvel (☺ I, p 54/7)
9. timides (p 40/2), charmantes (p 39/1)
10. pleine (p 39/1)
11. jalouse (p 42/6), coquette (p 41/4)
12. blessée (p 39/1)
13. fous (p 44/11)
14. muet (p 41/4)
15. agréable (p 40/2)
16. Bon (☺ I, p 52/4)
17. muettes (p 41/4)
18. pleine (p 39/1)
19. meilleure (p 43/8)
20. Joyeuses (p 42/6)
21. heureuse (p 42/6), contente (p 39/1)
22. bon (☺ I, p 52/4)
23. fol (p 44/11)
24. nouvel (☺ I, p 54/7), super / giga / extra (☺ I, p 54/8) / terrible (☺ II, p 40/2)
25. pleines (p 39/1)
26. folle (p 44/11)
27. affreuse (p 42/6) / terrible (p 40/2)
28. consciencieuse (p 42/6)
29. muette (p 41/4)
30. difficiles (p 40/2)
31. petits (p 39/1), fous (p 44/11)
32. Joyeuse (p 42/6)
33. sage (p 40/2)
34. loyaux (p 44/12)
35. nouveau / nouvelle (☺ I, p 54/7), sévère (p 40/2)
36. active (p 40/3)
37. affreux (p 42/6)
38. affreuses (p 42/6)
39. jeunes (p 40/2), originaux (p 44/12)
40. née (p 39/1)
41. bavarde (p 39/1)
42. originales (p 44/12)
43. bonnes (☺ I, p 52/4)
44. Chère (☺ I, p 53/5), meilleurs (p 43/8), bonne (☺ I, p 52/4), heureuse (p 42/6)
45. lourde (p 39/1)
46. difficile (p 40/2)
47. seule (p 39/1)
48. grave (p 40/2)
49. connue (p 39/1)
50. sportive, active (p 40/3)
51. grosse (☺ I, p 52/4)
52. problématiques (p 40/2)
53. chaude (p 39/1)
54. grave (p 40/2)
55. catholique (p 40/2), juive (p 40/3)
56. sucré (p 39/1)
57. veuve (p 40/3)
58. studieuse (p 42/6)
59. épaisse (p 41/4)
60. salé (p 39/1)
61. courageuse (p 42/6), franche (p 41/5/Ausnahmen)
62. rousse (p 42/6/Ausnahmen)
63. exceptionnelle (p 41/4)
64. longue (p 44/13)
65. grecque (p 41/5/Ausnahmen), noirs (p 39/1), bruns (p 39/1)
66. nouvelle (☺ I, p 54/7)
67. folle (p 44/11)
68. précieux (p 42/6)
69. molle (p 44/11)
70. nouvel (☺ I, p 54/7)
71. sotte (p 41/4)
72. réelle (p 41/4)
73. publique (p 41/5)
74. sèches (p 41/5/Ausnahmen)
75. facile (p 40/2)
76. épaisse (p 41/4), grasse (☺ I, p 52/4)
77. jeune (p 40/2), merveilleuse (p 42/6), douce (p 42/6/Ausnahmen), studieuse (p 42/6), généreuse (p 42/6)
78. affreux (p 42/6)
79. neuve (p 40/3)

80. grosse (☺ I, p 52/4) / grande (p 39/1)
81. cadette (p 41/4)
82. pleine (p 39/1), bonnes (☺ I, p 52/4)
83. fatiguée (p 39/1), ennuyant (p 39/1)
84. désolée (p 39/1)
85. nouvel (☺ I, p 54/7)
86. folle (p 44/11)
87. nouveaux / nouvelles (☺ I, p 54/7), fantastiques (p 40/2), sévères (p 40/2)
88. chinois (p 39/1)
89. connue (p 39/1)
90. vraie (p 39/1)
91. brève (p 40/3/Ausnahme)
92. basse (☺ I, p 52/4)
93. grecque (p 41/5/Ausnahmen)
94. fausses (p 42/6/Ausnahmen), querelleuses (p 42/7), menteuses (p 42/7)
95. meilleures (p 43/8)
96. quatrième (p 40/2)
97. gênée (p 39/1)
98. intérieure (p 43/8)
99. sucrée (p 39/1)
100. bonne (☺ I, p 52/4)
101. molle (p 44/11)
102. inférieure (p 43/8), majeure (p 43/8)
103. consolatrices (p 43/9)
104. constructrice (p 43/9)
105. amicales (p 44/12)
106. banale (p 39/1), banals (p 39/1)
107. fraîche (p 44/13)
108. favorite (p 44/13) / préférée (p 39/1)
109. enchanteresse (p 43/10)
110. bénigne (p 44/13), maligne (p 44/13)
111. clairs (p 39/1), verts (p 39/1)

pages 51/52/53/54

1. de grands efforts
2. bon élève
3. fille intelligente
4. histoire intéressante
5. nouvelle robe blanche
6. sandwich formidable, salade verte
7. petite voiture rouge
8. métier intéressant
9. une grande image bleue
10. nouvel appartement, des meubles blancs et noirs
11. ses photos originales
12. des films originaux
13. bonnes idées, des idées très intelligentes
14. un problème sérieux
15. une bande dessinée drôle
16. une fête super
17. une petite promenade, ce beau temps
18. jus froid
19. le coca chaud
20. un grand garçon très sympathique
21. un reportage très intéressant, les problèmes sérieux
22. une grosse dame sympa
23. la fille brune
24. jeune fille allemande
25. ma correspondante française
26. les pâtes italiennes
27. une grande armoire marron (☺ I, p 54/8)
28. une petite fille calme et timide
29. des jeunes hommes sportifs
30. un travail intéressant
31. un bon choix
32. mon vélo rouge
33. une femme très sportive
34. de la crème délicieuse
35. de la musique forte
36. un mauvais choix
37. un dîner délicieux
38. un jeune homme sympa
39. une jeune fille autrichienne
40. un travail sérieux
41. de gros problèmes, leur nouvelle maison
42. la fille blonde
43. la figurine carrée
44. le pull-over bleu
45. ma chère amie
46. la première fois
47. La dernière fois
48. un film affreux
49. un dessin bizarre
50. la fille chouette, la maison moderne
51. un livre triste
52. la dernière fois
53. Son livre préféré
54. un beau jardin, de belles fleurs
55. de nouveaux amis, de nouvelles amies
56. les yeux bleus
57. des jeux intéressants
58. un enfant malade et timide
59. cette histoire amusante
60. une vieille femme
61. une jolie robe
62. un gros chien
63. ton manteau gris
64. un long voyage, sa petite sœur
65. ce gros monsieur, la fille noire
66. un grand arbre
67. la langue allemande
68. une belle femme
69. une grosse chatte noire
70. des vieilles gens (p 49/Achtung)
71. une bonne surprise
72. un regard fou *(fou steht nur in bestimmten Wendungen vor dem Nomen*, p 48*)*
73. les yeux bruns, un petit nez
74. Grosses bises
75. la belle fleur
76. un restaurant formidable
77. joyeuse nouvelle *(zur besonderen Betonung vorangestellt,* p 48/ Merke*) /* nouvelle joyeuse
78. une meilleure place
79. de bonne humeur
80. une occasion exceptionnelle
81. un nouveau film
82. la bouche pleine *(plein steht nur in bestimmten Wendungen vor dem Nomen*, p 48*)*
83. Quelle folle idée *(fou steht nur in bestimmten Wendungen vor dem Nomen*, p 48*)*
84. la haute tour
85. la première fois
86. films muets
87. Sa meilleure amie
88. une femme merveilleuse
89. mon nouvel ami

90. de gros problèmes
91. une belle robe noire
92. un séjour amusant et agréable
93. un fou rire *(fou steht nur in bestimmten Wendungen vor dem Nomen,* p 48*)*
94. la table ronde
95. Mon nouvel ordinateur
96. de mauvaise humeur
97. une nouvelle élève
98. mon meilleur ami
99. une voix agréable
100. le gros chien
101. sa nouvelle amie
102. Quelle joyeuse surprise *(zur besonderen Betonung vorangestellt,* p 48/ Merke*)* / quelle surprise joyeuse
103. une histoire intéressante
104. un petit effort
105. Bon anniversaire
106. une jeune fille italienne
107. la dernière fois
108. la grosse valise
109. un vieil ami (☺ I, p 54/7)
110. un bel homme (☺ I, p 54/7)
111. du fromage mou
112. la première fois
113. élèves protestant(e)s
114. mes nouvelles chaussures noires
115. une fausse barbe, un faux passeport
116. un match gagné
117. une vieille bicyclette
118. Sa main droite
119. une langue difficile
120. le fromage suisse
121. une information intéressante
122. La petite Sophie, livre neuf
123. un long voyage, ses vieux camarades
124. une énorme somme *(zur besonderen Betonung vorangestellt,* p 48/ Merke*)*
125. deux gros arbres
126. la petite fève
127. une tranche épaisse
128. ton pantalon déchiré
129. un sac lourd *(hier Endstellung gebräuchlicher)*
130. Sa soupe préférée
131. Nos meilleurs vœux, le nouvel an (☺ I, p 54/7)
132. la Sainte Catherine
133. une mauvaise nuit
134. un vieil ami (☺ I, p 54/7)
135. Son nouveau livre, un plein succès *(plein steht nur in bestimmten Wendungen vor dem Nomen,* p 48*)*
136. un faux diamant / un diamant faux *(beides möglich)*
137. une escalope viennoise
138. une boîte pleine *(plein steht nur in bestimmten Wendungen vor dem Nomen,* p 48*)*
139. une femme active
140. une fausse alarme
141. ta limonade chaude
142. au restaurant grec
143. tes chaussures sales
144. une longue robe, un masque noir, des faux cheveux

page 57

1. Nous avons **déjà** vu ce film. (p 56/3)
2. Il a **souvent** regardé la télé pendant les vacances. (p 56/3)
3. Il a **toujours** attendu son amie devant le cinéma. (p 56/3)
4. Est-ce que ton oncle a **déjà** écrit une lettre? (p 56/3)
5. Elle **n'**a **pas encore** cherché son livre. (p 56/3)
6. Elles sont **souvent** allé**es** au restaurant. (p 56/3)
7. Tu as **déjà** lu le magazine? (p 56/3)
8. Ils **n'**ont **pas encore** fait leurs ex. (p 56/3)
9. Les visiteurs ont **trop** bu. (p 56/3)
10. Est-ce que tu as **déjà** téléphoné à B.? (p 56/3)
11. Les élèves ont **souvent** posé des qu. (p 56/3)
12. Les enfants ont **trop** regardé la télé. (p 56/3)
13. Elle **n'**a vu **personne**. (p 55/1/Achtung)
14. Ils ont **beaucoup** aimé l'exposition sur Picasso. (p 56/3)
15. Monsieur Bertin a cherché sa voiture **partout**. (p 55/2)
16. Vous avez **déjà** pris votre goûter? (p 56/3)
17. Nous avons fait une p. **dehors**. (p 55/2)
18. Les élèves ont **bien** travaillé. (p 56/3)
19. Vous avez **déjà** rangé vos chambres, les enfants? (p 56/3)
20. Il a **encore** oublié son devoir. (p 56/3)
21. Thérèse est venu**e** **hier**. (p 55/2)
22. Pierre a trouvé sa clé **là-bas**. (p 55/2)
23. Nadine a **trop peu** travaillé le lundi. (p 56/3)
24. Ils sont **déjà** parti**s**. (p 56/3)
25. Elle est arrivé**e** **assez tôt** chez sa grand-mère. (p 55/2)
26. Elle est **déjà** allée au Portugal? (p 56/3)
27. Elles sont **souvent** monté**es** sur un arbre. (p 56/3)
28. Maman est **toujours** allé**e** au marché. (p 56/3)
29. Nous **n'**avons entendu **personne**. (p 55/1/Achtung)
30. Maman est arrivé**e** **trop tard**. (p 55/2)
31. Sylvie **n'**a parlé à **personne**. (p 55/1/Achtung)
32. Alain a **beaucoup** travaillé pendant les vacances. (p 56/3)
33. Pilou a **quelquefois** téléphoné à sa c. (p 56/3)
34. Grand-père a **mal** compris. (p 56/3)
35. Fabienne a **rarement** écrit une lettre. (p 56/3)
36. Papa est venu **aujourd'hui**. (p 55/2)
37. Tu as **même** bu mon café! (p 56/3)
38. J'ai **bien** dormi. (p 56/3)
39. Luc a **beaucoup trop** bu. (p 56/3)

page 58

1. Nous n'avons pas choisi **de** sandwich au jambon. (☺ **I**, p 59; ☺ **II**, p 55/1)
2. Bertrand n'a jamais fait ses devoirs. (☺ **I**, p 58; ☺ **II**, p 55/1)
3. Barbara n'a guère écouté le CD de Kaas. (☺ **I**, p 58; ☺ **II**, p 55/1)
4. Madame Leclerc n'a plus trouvé sa clé. (☺ **I**, p 58; ☺ **II**, p 55/1)

5. Valérie n'a pas montré son devoir au prof de français. (☺ **I**, p 58; ☺ **II**, p 55/1)
6. Monsieur Dupuis n'a jamais habité à Lille. (☺ **I**, p 58; ☺ **II**, p 55/1)
7. Il n'a pas beaucoup bu. (☺ **I**, p 58; ☺ **II**, p 55/1; p 56/3)
8. Elle n'a pas toujours dormi. (☺ **I**, p 58; ☺ **II**, p 55/1; p 56/3)
9. Il n'a pas cherché partout. (☺ **I**, p 58; ☺ **II**, p 55/1, p 55/2)
10. Je n'ai vu personne. (☺ **I**, p 58; ☺ **II**, p 55/1/Achtung)
11. Elle n'a pas parlé à son père. (☺ **II**, p 55/1)
12. Les visiteurs n'ont plus attendu à la gare. (☺ **II**, p 55/1)
13. Pierre et Jacques n'ont vu personne dans le parc. (☺ **II**, p 55/1/Achtung)
14. Le train n'est pas arrivé trop tard. (☺ **II**, p 55/1, p 55/2)
15. Nos correspondantes ne sont pas venu**es** aujourd'hui. (☺ **II**, p 55/1, p 55 /2; ☺ **I**, p 87/2)
16. Maman n'a rien acheté. (☺ **II**, p 55/1)
17. Il n'a jamais écrit **de** lettres. (☺ **I**, p 59; ☺ **II**, p 55/1)
18. Fabienne n'a pas beaucoup travaillé pendant les vacances. (☺ **II**, p 55/1; p 56/3)
19. Les élèves n'ont pas encore fini leur interview. (☺ **II**, p 55/1; p 56/3)
20. Marie n'est plus sorti**e** avec Pilou. (☺ **II**, p 55/1; ☺ **I**, p 87/2)
21. Le bébé n'a guère dormi. (☺ **II**, p 55/1)
22. Ils n'ont jamais eu faim. (☺ **II**, p 55/1)
23. Monsieur Bazin n'a jamais fumé la pipe. (☺ **II**, p 55/1)
24. Nicolas n'a pas assez travaillé pour son examen. (☺ **II**, p 55/1; p 56/3)
25. Les enfants n'ont entendu personne à la porte. (☺ **II**, p 55/1/Achtung)
26. Papa n'a pas encore préparé le goûter. (☺ **II**, p 55/1; p 56/3)
27. Sophie n'a jamais passé l'aspirateur. (☺ **II**, p 55/1)
28. Elle n'a rien su. (☺ **II**, p 55/1)
29. Mes grands-parents n'ont pas pu venir nous voir. (☺ **II**, p 55/1)
30. Michèle n'a pas encore fini ses études. (☺ **II**, p 55/1; p 56/3)
31. Madame Croisset n'a pas pris **d**'éclairs. (☺ **I**, p 59; ☺ **II**, p 55/1)
32. Maman n'a pas encore trouvé **de** robe bleue. (☺ **I**, p 59; (☺ **II**, p 55/1; p 56/3)
33. Sylvie n'a pas bien travaillé. (☺ **II**, p 55/1; p 56/3)
34. Elle n'a jamais invité **de** copains. (☺ **I**, p 59; ☺ **II**, p 55/1)
35. Jacques n'a pas beaucoup aimé **le** fromage. (☺ **I**, p 62/1; ☺ **II**, p 55/1; p 56/3)
36. Les enfants n'ont pas beaucoup mangé. (☺ **II**, p 55/1; p 56/3)
37. Nathalie n'a plus fait **de** bêtises. (☺ **I**, p 59; ☺ **II**, p 55/1)
38. Elle n'a pas bien chanté. (☺ **II**, p 55/1; p 56/3)

page 60

1. ouvrir
2. choisi
3. découvert
4. bâti
5. réfléchis
6. réussissent
7. Ouvrez, plaît
8. offert
9. connaissez, connais
10. bâtir
11. ouvre / a ouvert
12. réfléchissent / ont réfléchi
13. réussi
14. découvert
15. Ouvre, plaît
16. connais
17. Ouvrez
18. découvrc / a découvert
19. offre / a offert
20. ouvre
21. réussi
22. bâtit
23. finissez / avez fini
24. découvert
25. grandi
26. choisir
27. connaît
28. réussi
29. choisi
30. plaît / a plu
31. choisissons / avons choisi
32. grandit / a grandi
33. grandi
34. connu
35. a réussi
36. Réfléchissez
37. connaît
38. plu

pages 63/64

1. c'est pourquoi
2. parce qu'
3. qu'
4. Quand
5. parce qu'
6. Quand
7. juste au moment où
8. Pendant qu'
9. Depuis qu'
10. jusqu'au moment où
11. tandis que / alors que
12. de sorte qu' / de façon qu' / de manière qu'
13. qu', mais
14. c'est pourquoi / alors / donc / pour cette raison
15. Quand
16. Comme
17. mais
18. c'est pourquoi / alors / donc / pour cette raison
19. depuis qu'
20. pendant que

21. tandis que / alors que
22. comme
23. qu'
24. si
25. alors / donc
26. tandis que / alors que
27. ou
28. ainsi que
29. tandis que / alors que
30. parce qu' / car (Schriftsprache)
31. pour
32. si
33. ou
34. si ... qu'
35. Quand
36. Pendant que
37. S'
38. c'est pourquoi / alors / donc
39. donc
40. si ... que
41. c'est pourquoi / alors / donc / pour cette raison
42. pourtant
43. juste au moment où
44. donc
45. alors que / tandis que
46. si ... qu'
47. mais
48. jusqu'au moment où
49. ou
50. de sorte que / de façon que / de manière que
51. mais
52. c'est pourquoi / alors / donc / pour cette raison
53. Quand
54. c'est pourquoi / pour cette raison / donc / alors
55. si ... qu'
56. pour
57. pendant que

page 65

1. Pendant qu'
2. depuis
3. pendant que
4. Depuis que
5. Pendant que
6. depuis
7. pendant
8. depuis
9. depuis
10. Pendant que
11. Depuis, Depuis
12. pendant
13. depuis
14. depuis
15. Pendant que
16. depuis qu'
17. Pendant que
18. depuis
19. Pendant
20. depuis
21. pendant que
22. depuis
23. Pendant
24. depuis
25. Pendant que
26. Pendant que
27. depuis qu'
28. Pendant que
29. depuis
30. Depuis que
31. pendant
32. Pendant

page 67

1. difficile
2. grave, grave
3. grave
4. graves
5. difficile
6. lourde
7. grave
8. difficile
9. gravement, grave / difficile
10. grave / difficile
11. grave
12. difficile
13. grave / difficile, difficile
14. grièvement
15. grave
16. graves
17. gravement
18. difficile
19. gravement
20. difficile
21. lourd
22. difficile
23. grave
24. lourd
25. grave / difficile
26. gravement
27. lourde

pages 69/70

1. ce
2. Cette
3. ce
4. ce
5. cet
6. Cet
7. Cette
8. Ces
9. ces
10. cette
11. cette
12. Cet
13. ces
14. Ce
15. cette
16. Cet

17. cette
18. cet
19. ces
20. ces
21. ces
22. ce
23. cette
24. ces
25. ce
26. cette
27. Ce
28. ce
29. cette
30. Cette
31. ces
32. cet
33. Ce
34. cet
35. ces
36. cette
37. cet
38. cette
39. ce
40. Ce
41. ce
42. Cet
43. cet
44. cette
45. cet
46. cette, ce
47. ces
48. cet
49. Ces
50. ces
51. Cet
52. Cette
53. ce
54. cette
55. ces
56. Cette
57. Ces
58. Cet
59. Ce
60. Cette
61. Ces
62. ces
63. Ce
64. ce
65. ces
66. Cette
67. Ces
68. Ce
69. cette
70. Ce
71. Ce
72. ces
73. Ce
74. ce
75. ces
76. Ces
77. Cette
78. Ce
79. Ces
80. ce
81. Ces
82. Cette
83. cet

page 73

1. se regarde
2. se promène
3. se porte
4. se lève, se lave, se prépare, se brosse
5. se ferme
6. Rends-toi (p 71/Stellung)
7. s'habiller
8. Dépêche-toi (p 71/Stellung) / Dépêchez-vous
9. nous mettons
10. Lave-toi (p 71/Stellung)
11. vous ennuyez
12. me rends, se trouvent
13. Arrêtez-vous
14. s'habille
15. m'amuse
16. nous promenons
17. se couchent
18. Ne te fâche pas (p 71/Stellung)
19. Ne t'arrête pas (p 71/Stellung)
20. se rendent
21. s'ennuie
22. se lèvent
23. s'entendent, s'aiment
24. s'arrête
25. s'occupent
26. vous reposer
27. te lever, te dépêcher
28. se lave
29. m'entends
30. se met
31. s'écrie
32. se baignent

page 74

1. s'est arrêté
2. s'est endormi**e**
3. se sont couché**es**
4. s'est ennuyé**e**
5. nous sommes bien amusé**(e)s** (p 56/3)
6. s'est terminé
7. se sont promené**s**
8. s'est lavé**e**
9. se sont reposé**es**
10. vous êtes baigné**es**
11. se sont très bien entendu**es** (p 56/3)
12. se sont trop maquillé**es** (p 56/3)
13. ne t'es pas encore coiffé**e** (p 56/3)
14. se sont rasé**s**
15. me suis habillé**(e)**
16. se sont dépêché**s**
17. s'est grièvement blessé**e** (p 56/3)
18. se sont arrêté**es**
19. s'est levé**e**
20. vous êtes amusé**es**
21. se sont caché**s**
22. s'est mis**e**
23. se sont occupé**s**
24. ne t'es pas ennuyé**e**
25. s'est rendu**e**

26. se sont intéressé**es**
27. se sont tu**s**
28. se sont souvenu**es**
29. s'est perdu
30. s'est fâché**e**
31. se sont marié**s**
32. se sont trop vite terminé**es** (p 56/3)
33. t'es trompé**e**

page 77

1. les photos (règle 1)
2. les animaux (règle 2)
3. les portails (3)
4. les signaux (2)
5. les festivals (2, Aber)
6. les bonbons (1)
7. les chapeaux (4)
8. les CD (8)
9. les bras (7)
10. les pays (7)
11. les clous (6, Aber)
12. les cheveux (5)
13. les bleus (5, Aber)
14. les voix (7)
15. les rails (3)
16. les carnavals (2, Aber)
17. les voitures (1)
18. les travaux (3, Aber)
19. les fromages (1)
20. les bals (2, Aber)
21. les cas (7)
22. les choux (6)
23. les pneus (5, Aber)
24. les souris (7)
25. les feux (5)
26. les choix (7)
27. les vœux (5)
28. les neveux (5)
29. les fous (6, Aber)
30. les cieux (8)
31. les châteaux (4)
32. les émaux (3, Aber)
33. les pommes (1)
34. les maux (2)
35. les peaux (4)
36. mesdames (8)
37. les genoux (6)
38. les pains (1)
39. les journaux (2)
40. les rideaux (4)
41. les couteaux (4)
42. les détails (3)
43. les tableaux (4)
44. les parcs (1)
45. les bureaux (4)
46. les eaux (4)
47. les jumeaux (4)
48. les chevaux (2)
49. les livres (1)
50. les gâteaux (4)
51. les yeux (8)
52. les maisons (1)
53. les trous (6, Aber)
54. les jeux (5)
55. les mois (7)
56. les joujoux (6)
57. les nez (7)
58. les voyous (6, Aber)
59. les bijoux (6)
60. les B.D. (8)
61. les grands-pères (8)
62. messieurs (8)
63. les prix (7)
64. les pieds (1)
65. les beaux (4)
66. les manteaux (4)
67. les bois (7)
68. les autobus (7)
69. les lettres (1)
70. les os (7)
71. les dos (7)
72. les cahiers (1)
73. les chandails (3)
74. mesdemoiselles (8)
75. les agneaux (4)
76. les cadeaux (4)
77. les grand(s)-mères (8)
78. les villes (1)
79. les bas (7)
80. les piscines (1)

page 80

1. Il **lui** parle souvent. (règle 1)
2. Elle **lui** a prêté sa voiture. (règle 2)
3. Téléphone-**leur**! (4)
4. Achetons-**lui** un cadeau! (4)
5. Il faut **lui** rendre visite. (3)
6. Ils **lui** apportent des fleurs. (1)
7. Nous **lui** avons envoyé une lettre. (2)
8. Il **leur** a dit bonjour. (2)
9. Elle **leur** a préparé des tartines. (2)
10. Elle ne **lui** a pas offert de café? (2)
11. Il n'a pas voulu **leur** acheter les bonbons. (3)
12. Nicole ne **leur** a pas donné son adresse. (2)
13. Qu'est-ce que tu veux **leur** offrir? (3)
14. Il **lui** a écrit une carte postale. (2)
15. Elle ne veut pas **lui** rendre visite. (3)
16. Elle ne **lui** a pas encore rendu visite. (2)
17. Il faut **leur** dire bonjour. (3)
18. Tu **leur** as déjà dit la vérité? (2)
19. Parlez-**lui**! (4)
20. Donne-**lui** ton numéro de téléphone! (4)
21. Ne **lui** dis rien! (5)
22. Je devrais **lui** téléphoner. (3)
23. Elle **lui** a fait la promesse de ne pas être en retard. (2)
24. Grand-père **leur** parle de ses expériences. (1)
25. Il **lui** offre des fleurs. (1)
26. On **lui** a posé beaucoup de questions. (2)
27. Elle n'a pas voulu **lui** parler. (3)
28. Je voudrais **leur** expliquer ma situation. (3)
29. Pardonnez-**lui**! (4)
30. Je voudrais **lui** faire un cadeau. (3)

31. Il **leur** a demandé ton numéro de téléphone. (2)
32. Il n'a pas fallu **leur** expliquer les règles. (3)
33. Maman **leur** a acheté une glace. (2)
34. Ne **lui** téléphone pas le soir. (5)
35. Qu'est-ce qu'elle **leur** a raconté? (2)
36. Tu **lui** envoies un ticket de concert? (1)
37. Papa **leur** a dit de venir. (2)
38. Rendons-**lui** visite! (4)
39. S'il te plaît, lis-**lui** la lettre! (4)
40. Elle **lui** a appris à nager. (2)

page 81

1. Il **t'**a écrit de Paris. (règle 2)
2. Olivier **m'**apporte un bouquet de fleurs. (règle 1)
3. Elle **nous** a posé une question difficile. (2)
4. Elle peut **vous** offrir une solution. (3)
5. Elle veut **me** dire bonjour. (3)
6. Il **vous** a déjà téléphoné? (2)
7. Achète-**moi** des poires, s'il te plaît. (4)
8. Ils ont voulu **leur** acheter un cadeau. (3)
9. Elle ne **t'**a rien dit? (2)
10. Ils n'ont pas dû **lui** répondre. (3)
11. Elle ne peut pas **te** dire la vérité. (3)
12. Il n'a pas voulu **leur** acheter le cadeau. (3)
13. Maman **m'**achète des vêtements. (1)
14. Il ne doit pas **nous** parler. (3)
15. Elle est venue **te** raconter quelque chose. (3)
16. Il ne faut pas **leur** expliquer cela encore une fois. (3)
17. Il **vous** a montré son nouveau film? (2)
18. Elle ne **me** demande rien. (1)
19. Montre-**nous** tes photos des vacances! (4)
20. Elle **m'**a envoyé une lettre. (2)
21. Pardonnez-**nous**! (4)
22. Ne **lui** raconte pas la même histoire! (5)
23. Ne **leur** dis rien de la fête! (5)
24. Il **t'**a déjà parlé de ses vacances? (2)
25. Il faut **me** donner une explication! (3)
26. Elle **t'**a demandé un plan de métro? (2)
27. Nous **leur** offrons des canapés et du vin blanc. (1)
28. Laurent **m'**a apporté un animal en verre pour ma collection. (2)
29. Frédéric **lui** lit le journal. (1)
30. S'il te plaît, apporte-**moi** quelque chose à boire. (4)
31. Les Olivier **nous** ont montré les photos de leur maison. (2)
32. Tu dois **nous** dire la vérité. (3)
33. Elle **t'**a acheté des boucles d'oreilles. (2)
34. Je voudrais **vous** demander la solution. (3)
35. Il faut **lui** rendre les livres. (3)
36. Elle **m'**a prêté son CD de Montand. (2)
37. La vendeuse **t'**a expliqué la qualité des chemises? (2)
38. Apportez-**moi** un verre d'eau, s'il vous plaît! (4)
39. Ne **nous** apprenez pas cette chanson! (5)
40. Il n'a pas pu **te** donner la réponse? (3)

page 84

1. Quelle couleur aime-**t**-elle? (règle 4)
2. À qui pense-**t**-elle toujours? (4)
3. De qui avez-vous parlé?
4. Avec qui est-elle venue?
5. Qui cherchez-vous, Monsieur?
6. Que vois-tu là-bas?
7. Va-**t**-il en France cet été? (4)
8. Quand êtes-vous parti hier soir?
9. Combien papa a-**t**-il payé? (4)
10. Avec qui va-**t**-elle au cinéma? (4)
11. Puis-je vous aider, ma chère Madame? (literarisch!) (3)
12. Pourquoi Florence n'a-**t**-elle pas téléphoné plus tôt? (4)
13. Comment trouvent-elles ta robe verte?
14. Que faites-vous maintenant?
15. Où allez-vous?
16. Quel chemisier prends-tu?
17. Êtes-vous à la maison?
18. À qui as-tu parlé?
19. D'où viennent-elles?
20. Quel jour sommes-nous aujourd'hui?
21. Comment est-il parti? En taxi?
22. Y a-**t**-il encore quelque chose à boire? (4)
23. Préférez-vous rester ici?
24. Pourquoi n'ont-elles pas écrit?
25. Avez-vous soif?
26. Quel train doit-il prendre?
27. Savez-vous faire une tarte aux pommes?
28. Qu'ont-ils fait au marché?
29. Voulez-vous aller au restaurant?
30. Avez-vous vos clés?
31. Sortez-vous cet après-midi?
32. Veux-tu me dire quelque chose?
33. Combien ton père gagne-**t**-il? (4)
34. Comment vous appelez-vous?
35. Qu'ont-elles pris? Du café?
36. Pourquoi ton père n'est-il pas allé au bureau?
37. Qui est-ce?
38. Pourquoi pleure-**t**-il? (4)
39. Quelle heure est-il?
40. Quel âge avez-vous?

page 86

1. Quel
2. quelles
3. Quelle
4. Quels
5. Quelle
6. Quelles
7. Quel
8. Quelle
9. quelle
10. Quel
11. Quels
12. Quelle
13. Quelle
14. quelles
15. quelle

16. Quel
17. quelle
18. Quel
19. Quel
20. Quelles
21. Quel
22. Quel
23. Quelles
24. Quelles
25. Quelles
26. Quels
27. quel
28. Quelle
29. Quelle
30. quelle
31. Quel
32. Quelle
33. Quelle
34. Quel
35. Quel
36. quelle
37. Quel
38. Quelle
39. quel
40. quelles

page 89

1. Je vais **le** faire.
   (futur proche; voir aussi: ☺ **I** p 74, règle 3)
   Je viens de **le** faire. (passé récent)
   Je suis en train de **le** faire. (présent duratif)
2. Elle va rentrer de Londres. (futur proche)
   Elle vient de rentrer de Londres. (passé récent)
   Elle est en train de rentrer de Londres.
   (présent duratif)
3. Il va prendre un café au lait. (futur proche)
   Il vient de prendre un café au lait. (passé récent)
   Il est en train de prendre un café au lait.
   (présent duratif)
4. Nous allons **les** regarder. (futur proche)
   Nous venons de **les** regarder. (passé récent)
   Nous sommes en train de **les** regarder.
   (présent duratif)
5. Vous allez **l'**écouter. (futur proche)
   Vous venez de **l'**écouter. (passé récent)
   Vous êtes en train de **l'**écouter. (présent duratif)
6. Elle va **l'**aider. (futur proche)
   Elle vient de **l'**aider. (passé récent)
   Elle est en train de **l'**aider. (présent duratif)
7. Nous allons faire un voyage. (futur proche)
   Nous venons de faire un voyage. (passé récent)
   Nous sommes en train de faire un voyage.
   (présent duratif)
8. On va **la** ranger. (futur proche)
   On vient de **la** ranger. (passé récent)
   On est en train de **la** ranger. (présent duratif)
9. Vous allez boire un thé. (futur proche)
   Vous venez de boire un thé. (passé récent)
   Vous êtes en train de boire un thé.
   (présent duratif)
10. Nadine va **le** mettre. (futur proche)
    Nadine vient de **le** mettre. (passé récent)
    Nadine est en train de **le** mettre. (présent duratif)
11. François va courir à la poste. (futur proche)
    François vient de courir à la poste. (passé récent)
    François est en train de courir à la poste.
    (présent duratif)
12. Je vais lire un livre intéressant. (futur proche)
    Je viens de lire un livre intéressant. (passé r.)
    Je suis en train de lire un livre intéressant.
    (présent duratif)
13. Nous allons visiter le Louvre. (futur proche)
    Nous venons de visiter le Louvre. (passé récent)
    Nous sommes en train de visiter le Louvre.
    (présent duratif)
14. Ils vont travailler dans le jardin. (futur proche)
    Ils viennent de travailler dans le jardin. (passé r.)
    Ils sont en train de travailler dans le jardin.
    (présent duratif)
15. Paul va **la** chercher. (futur proche)
    Paul vient de **la** chercher. (passé récent)
    Paul est en train de **la** chercher. (présent duratif)
16. Richard va **lui** téléphoner.
    (futur proche; p 79, règle 3)
    Richard vient de **lui** téléphoner. (passé récent)
    Richard est en train de **lui** téléphoner.
    (présent duratif)
17. Les touristes vont demander un renseignement.
    (futur proche)
    Les touristes viennent de demander un
    renseignement. (passé récent)
    Les touristes sont en train de demander un
    renseignement. (présent duratif)
18. Le prof va **l'**expliquer. (futur proche)
    Le prof vient de **l'**expliquer. (passé récent)
    Le prof est en train de **l'**expliquer. (présent d.)
19. Il va cesser de fumer. (futur proche)
    Il vient de cesser de fumer. (passé récent)
    Il est en train de cesser de fumer. (présent d.)
20. Il va pleuvoir. (futur proche)
    Il vient de pleuvoir. (passé récent)
    Il est en train de pleuvoir. (présent duratif)
21. Elle va **le** prendre. (futur proche)
    Elle vient de **le** prendre. (passé récent)
    Elle est en train de **le** prendre. (présent duratif)
22. Maman va acheter des fleurs. (futur proche)
    Maman vient d'acheter des fleurs. (passé récent)
    Maman est en train d'acheter des fleurs.
    (présent duratif)
23. Elle va faire un gâteau pour son anniversaire.
    (futur proche)
    Elle vient de faire un gâteau pour son
    anniversaire. (passé récent)
    Elle est en train de faire un gâteau pour son
    anniversaire. (présent duratif)
24. Ils vont jouer aux cartes. (futur proche)
    Ils viennent de jouer aux cartes. (passé récent)
    Ils sont en train de jouer aux cartes. (présent d.)
25. Je vais **la** faire. (futur proche)
    Je viens de **la** faire. (passé récent)
    Je suis en train de **la** faire. (présent duratif)
26. Les élèves vont organiser une fête de classe.
    (futur proche)
    Les élèves viennent d'organiser une fête de
    classe. (passé récent)
    Les élèves sont en train d'organiser une fête de
    classe. (présent duratif)
27. Marie va **la** réparer. (futur proche)
    Marie vient de **la** réparer. (passé récent)
    Marie est en train de **la** réparer. (présent duratif)

28. Ils vont faire une enquête. (futur proche)
Ils viennent de faire une enquête. (passé récent)
Ils sont en train de faire une enquête. (présent duratif)
29. Nous allons regarder un film au ciné. (futur proche)
Nous venons de regarder un film au ciné. (passé récent)
Nous sommes en train de regarder un film au ciné. (présent duratif)
30. Il va **le** laver. (futur proche)
Il vient de **le** laver. (passé récent)
Il est en train de **le** laver. (présent duratif)
31. Il va **l'**apprendre par cœur. (futur proche)
Il vient de **l'**apprendre par cœur. (passé récent)
Il est en train de **l'**apprendre par cœur. (présent duratif)
32. Elle va travailler dans sa chambre. (futur proche)
Elle vient de travailler dans sa chambre. (passé récent)
Elle est en train de travailler dans sa chambre. (présent duratif)
33. Monsieur Dupont va **lui** donner son adresse. (futur proche; p 79, règle 3)
Monsieur Dupont vient de **lui** donner son adresse. (passé récent)
Monsieur Dupont est en train de **lui** donner son adresse. (présent duratif)
34. Les élèves vont faire une rédaction. (futur p.)
Les élèves viennent de faire une rédaction. (passé récent)
Les élèves sont en train de faire une rédaction. (présent duratif)
35. Le reporter va rédiger un article de journal. (futur proche)
Le reporter vient de rédiger un article de journal. (passé récent)
Le reporter est en train de rédiger un article de journal. (présent duratif)
36. Elle va jouer avec **elle**. (futur p.; p 8, règle 10)
Elle vient de jouer avec **elle**. (passé récent)
Elle est en train de jouer avec **elle**. (présent d.)
37. Il va **le** nettoyer. (futur proche)
Il vient de **le** nettoyer. (passé récent)
Il est en train de **le** nettoyer. (présent duratif)
38. Philippe va passer l'aspirateur. (futur proche)
Philippe vient de passer l'aspirateur. (passé r.)
Philippe est en train de passer l'aspirateur. (présent duratif)
39. Thérèse va **la** faire. (futur proche)
Thérèse vient de **la** faire. (passé récent)
Thérèse est en train de **la** faire. (présent duratif)

page 90

Anmerkung:
Im Relativsatz steht **kein Komma**, wenn er zum Verständnis der Situation **unbedingt nötig** ist.
Ein **Komma** steht dann, wenn der Relativsatz **nur eine Zusatzinformation** enthält und nicht unbedingt zum Verständnis der Situation nötig ist.
Das **Komma** wirkt wie eine **Klammer**.

1. Monsieur Roquefort, qui aime beaucoup sa profession, travaille dans un restaurant. / Monsieur Roquefort, qui travaille dans un restaurant, aime beaucoup sa profession.
2. Voilà les voleurs qui ont volé les caméras.
3. J'ai un manteau qui a déjà dix ans.
4. Voilà Madame Legrand, qui s'appelle Monique.
5. J'ai téléphoné à Fabienne, qui est mon amie.
6. Elle aime beaucoup son ami qui va arriver à la gare à cinq heures.
7. Les Dupont ont deux fils qui s'appellent Lucien et Pierre.
8. Elle rend visite à sa grand-mère, qui habite à Vienne.
9. Elle porte une robe verte qui est très moderne.
10. Ils ont une maison qui a un grand jardin avec un étang.
11. Nous achetons des fleurs pour Nicole qui fête son anniversaire.
12. Est-ce que je peux manger la crème qui est dans le frigidaire?
13. Vous aimez le film avec Catherine Deneuve qui se joue en Italie?
14. Elle adore Tom Cruise qui est un acteur connu.
15. Ce chapeau, qui est dans la salle de séjour, est à toi?
16. Qui est la dame là-bas qui parle à Monsieur L.?
17. C'est Dominique Chabrol qui habite au troisième étage.
18. Donne-moi le couteau qui est sur la table, s'il te plaît.
19. Ils sont descendus dans un hôtel à la plage qui est très chouette.
20. Nous pensons que Denise, qui est l'amie de Paul, va venir.
21. Elle cherche les clés qui sont pour sa maison de campagne.
22. Il ne trouve pas l'auberge de jeunesse qui est rue Faubourg.
23. Voilà Monsieur Duras qui t'a cherché partout.
24. Ils ont une maison qui se trouve au centre de la ville.